평강의 주께서

친히

때마다 일마다

평강을 주시기를 기도하며

특별히

_____님께

드립니다.

이동원 목사 성경인물 강해 설교

주의 마음에 합한 사람 – 다윗

이 동 원 지음

도서출판 나침반社

종합선교 – 나침반 출판사 / 그리스도인들의 성장을 돕습니다.

1110 - 616 서울 · 광화문 우체국 사서함 1641호 ☎(02)2279-6321~3/주문처(02)2606-6012~4

• • •

COMPASS HOUSE PUBLISHERS

A DIVISION OF NACHIMVAN (=COMPASS) MINISTRIES
KWANGHWAMOON P. O. BOX 1641, SEOUL 110-616, KOREA

주의 마음에 합한 사람
다윗

첫머리부터 분명히 할 이야기가 있습니다.

그것은 다윗이 삶의 모든 내용, 모든 사건이 주의 마음에 들었다는 뜻은 결코 아닙니다.

성경처럼 철저하게 우상 숭배를 경고하는 책이 없습니다.

모든 형태의 우상 숭배 가운데 가장 사특한 것은 인간 숭배, 곧 자아 숭배일 것입니다.

성경에 나타난 어떤 인물도 결코 신격화(神格化)되어 있지 않습니다.

다윗도 예외는 아닙니다.

그의 아름다움, 그의 삶이 지닌 그 상큼한 향기에도 불구하고

독버섯처럼 흉흉한 밤의 사연을

성령은 적나라하게 공개합니다.

그럼에도 불구하고
그의 인간성의 약점과 허세를 넘어서서
그를 붙들어 주의 마음에 든 사람이 되게 한
은총과 책임의 이야기를 우리는 듣고 싶은 것입니다.
그것은 결국 나의 이야기이어야 하기 때문입니다.
주의 마음에 합한 사람됨의 열망을 위하여…

주후 1987 년 겨울에

이동원

차 례

서론

다윗의 생애 그 서론 부분부터 말씀드리겠읍니다.

다윗의 생애를 공부하면 구약성경의 사무엘상·하, 열왕기상·하, 역대상·하 등 구약의 6권의 책을 대략 연구하게 됩니다. 실로 다윗의 생애를 연구하는 것은 구약의 대단히 중요한 부분들을 같이 연구하게 된다는 이야기와 같습니다. 또 많은 시편의 부분들도 이 다윗의 생애를 연구하면서 동시에 다루게 될 것입니다.

연구 목적

다윗이라는 인물을 특별히 선택해서 이렇게 공부해야 할 이유가 어디 있읍니까? 우리는 먼저 다윗이라는 그 인물의 중요성에서부터 이야기를 시작하고 싶습니다.

신약성경의 첫페이지 마태복음 1장 1절은 이렇게 시작됩니다. "아브라함과 다윗의 자손 예수 그리스도의 세계라."

신약성경의 첫번째 서문은 우리 구주 예수 그리스도의 영광스러운 족보를 소개합니다. 그런데 성경의 기자는 그 예수 그리스도를 가리켜서 "아브라함과 다윗의 자손"이라고 소개하고 있읍니다.

만약 당신이 구약의 이사야서 11장 1절의 말씀을 찾아서 읽는다면 이사야 선지자가 이렇게 소개하는 것을 볼 것입니다. "이새의 줄기에서 한 싹이 나며 그 뿌리에서 한 가지가 나서 결실할 것이요."
이새가 누구입니까? 그는 다윗의 아버지입니다. 이새의 가계를 통해서, 이새의 후손을 통해서 대단히 영광스럽고 놀라운 한 뿌리, 주목할 만한 한 인물이 탄생할 것이라는 성경의 예언 앞에 우리는 부딪칩니다.

또 만약 당신이 구약에서 예레미야 23장 5절을 본다면 "나 여호와가 말하노라 보라 때가 이르리니 내가 다윗에게 한 의로운 가지를 일으킬 것이라"는 말씀을 볼 수 있읍니다. 다윗의 가계를 통해서 가지 같은 의로운 한 인물이 출현할 것이라는 이 말씀은 다윗의 혈통을 타고 영광스러운 메시야가 이 땅에 오신다는 예언입니다.

또 만약 당신이 누가복음 1장 32절을 찾아 본다면 가브리엘 천사가 마리아에게 이렇게 기별하는 장면을 볼 수 있읍니다. "저가 큰 자가 되고 지극히 높으신 이의 아들이라 일컬을 것이요 주 하나님께서 그 조상 다윗의 위를 저에게 주시리니."
이스라엘 민족들은 그들의 역사를 통해서 가장 영광스러운 임금을 손꼽을 때 항상 다윗을 꼽습니다. 물론 솔로몬도 대단히 위대한 왕입니다. 그러나 당신이 솔로몬의 역사를 성경을 통해서 읽어 본다면 솔로몬의 말년이 그렇게 아름답지만은 않았다는 것을 알게 됩니다. 그러므로 아무래도 이스라엘 백성들에게 있어서 가장 영광스러운 임금으로, 영군으로, 왕중의 왕으로 손꼽히는 그들의 대표적인, 민족적인 영웅은 다윗이었읍니다. 이와 같이 영광스러운 다윗의 왕위를 계승해서 이스라엘 민족이 이루지 못했던 이스라엘 왕국의 꿈을, 하나님의 친히 통치하시는 신정(神政)의 거룩한 꿈을 이루실 분으로 성경이 예수 그리스도를 소개하고 있는 장면입니다.

다시 누가복음 1장 33절의 말씀을 본다면 예수 그리스도에 관해 성경은 이렇게 예언합니다.
"그가 영원히 야곱의 집에서 왕노릇하실 것이며 그 나라가 무궁하리라."
다윗의 나라, 예수 그리스도의 나라는 무궁할 것이라고 말합니다.
다시 누가복음 2장 11절을 보면 주 예수께서 탄생하시던 거룩한 그 밤에 천사가 이렇게 전합니다.
"오늘날 다윗의 동네에 너희를 위하여 구주가 나셨으니 곧 그리스도 주시니라."
우리의 주님되시는 예수 그리스도는 바로 다윗의 동네에서 탄생하실 것이라고 예언되어 있읍니다. 여기에서 말하는 다윗의 동네가 어디입니까? 베들레헴입니다. 다윗의 고향도 베들레헴이며, 주님의 고향도 베들레헴입니다. 우리는 다윗의 일생을 통해서 예수 그리스도의 생애를 엿볼 수가 있읍니다.

성경의 마지막 책인 요한계시록의 마지막 장인 22장 16절에 보면 저자가 요한계시록에 나타난 하나님의 모든 놀라운 계시를 전달한 후에 성경의 마지막 장이 닫히면서 이렇게 선포합니다.
"나 예수는 교회들을 위하여 내 사자를 보내어 이것들을 너희에게 증거하게 하였노라 나는 다윗의 뿌리요 자손이니."
요한계시록의 계시의 주인이신 주님께서 친히 말씀하십니다.
"나는 다윗의 뿌리요 자손이니 곧 광명한 새벽별이라."
주 예수 그리스도 자신이 스스로를 다윗의 후손으로 말씀하고 있읍니다. 우리의 구주로 이 세상에 오시도록 하나님께서 친히 준비하셨던 분이 누구입니까? 예수님입니다. 이 목적으로 하나님께서 준비하신 사람이 다윗입니다. 주님을 이 땅에 오시도록 하기 위해서 준비하도록 쓰여졌던 사람 다윗! 그는 장차 오실 예수 그리스도의 모형으로 성경에 나타나 있습니다. 그는 민중 속에서 일어나 쓰임을 받은 대단히 겸허한 서민적인 지도자였읍니다.

무엇보다 다윗의 생애를 공부하면서 우리의 마음 속에 하나님의 마음에 합한 사람 되기를 열망하는 뜨거운 기도가 있어야만 하겠읍니다. 하나님께서 사무엘 선지자의 입술을 빌어서 다윗에게 주셨던 가장 아름다운 명칭이 있습니다. 그에게는 많은 별명이 주어졌었읍니다. "어진 목자, 훌륭한 목동, 나라의 지도자, 왕" 등. 이렇게 영광스러운 칭호들이 많이 주어졌지만 하나님이 사무엘 선지자를 통해서 그에게 주셨던 제일 놀라운 명칭은 "내 마음에 합한 사람"이라는 명칭입니다. 하나님의 마음에 합한 사람이었다는 사실입니다. 예수 그리스도를 구주와 주님으로 영접하고 하나님의 자녀가 된 모든 사람마다 하나님의 마음에 합한 사람이 되기를 열망하는 뜨거운 소원이 마음 속에 있을 것입니다. 바로 여기서 우리는 다윗의 생애를 공부해야 할 만한 충분한 이유를 찾게 됩니다.

1
사울의 등장

먼저 우리는 다윗이 어떻게 하나님 앞에 소명되었는지, 그래서 한 나라의 지도자로, 한 역사의 지도자로, 하나님이 쓰신 귀한 사람으로 어떻게 무대 위에 등장하였는지 성경을 통해서 생각해 보려고 합니다. 다시 말하면 하나님께서 다윗이라는 이 한 사람을 부르시는 역사적인 맥락, 즉 어떤 환경 속에서, 어떤 상황 속에서 다윗이 역사의 무대 위에 등장하는지 같이 생각해 보려고 합니다.

그런데 우리는 다윗의 생애를 공부하면서 사울의 생애를 동시에 공부하지 않을 수 없습니다. 이스라엘 국가의 최초의 왕 사울이 무대 위에서 퇴장하기 시작하면서 등장하는 사람이 바로 다윗이기 때문입니다. 다시 말하면 하나님께서 사울을 버리시면서부터 다윗의 등장은 시작됩니다. 그래서 우리는 다윗의 생애를 공부하기 전에 잠시 사울을 생각해 볼 필요가 있습니다.

왜 하나님이 사울을 버리셨읍니까?

사울왕이 이스라엘 민족의 왕이 되기 전에 이스라엘 민족들은

하나님이 친히 다스리시던 정치체제하에 있었읍니다. 일종의 신정
(神政)이었읍니다. 하나님이 친히 다스리시던 신정정치의 형태로
이스라엘 민족의 삶은 영위되어 왔읍니다. 그런데 이스라엘 백성
들이 자기 나라 주변의 국가들을 보니까 다른 나라들은 다 왕이 있
는데 자기 나라만 왕이 없읍니다. 그래서 왕을 달라고 요구하기 시
작합니다. 사실 그들에게 있어서 눈에 보이지는 않지만 가장 영광
스러운 왕은 하나님 자신이셨읍니다. 그러나 그 하나님이 눈에 보
이지 않는다는 이유 때문에 눈으로 볼 수 있는 왕을 달라고 하나님
앞에 매달리기 시작한 것입니다. 그러자 이스라엘 민족이 하도 애
걸하므로 하나님은 허락을 하십니다. 그래서 세워지는 이스라엘
국가의 최초의 왕이 바로 사울입니다. 그렇게 해서 이 사울왕의 등
장이 시작됩니다.

    자, 사울왕이 등장하는 첫 장면을 보시기 바랍니다.
    사무엘상 9장을 보겠읍니다.
"베냐민 지파에 기스라 이름하는 유력한 사람이 있으니 그는 아비
엘의 아들이요 스롤의 손자요 베고랏의 증손이요 아비아의 현손이
라 베냐민 사람이더라 기스가 아들이 있으니 그 이름은 사울이요
준수한 소년이라 이스라엘 자손 중에 그보다 더 준수한 자가 없고
키는 모든 백성보다 어깨 위는 더 하더라"(1,2절).
이 말씀에서 알 수 있는 것은 사울의 아버지가 기스라는 인물이었
다는 것입니다. 그러면서 그 다음에 사울을 어떻게 소개합니까?
"준수한 소년이라"고 했읍니다. 사울은 대단히 미남이었읍니다.
그의 일생은 미남으로 시작됩니다. 그러다가 추남으로 끝이 납니
다.
    계속되는 말씀을 보겠읍니다.
"이스라엘 자손 중에 그보다 더 준수한 자가 없고 키는 모든 백성
보다 어깨 위는 더 하더라."
그러니까 체격도 얼마나 컸는지 알 수 있읍니다. 그는 대단히 키가

큰 거인이었읍니다. 그는 거인으로서 일생을 시작했읍니다. 그러나 그의 마지막은 대단히 마음좁은 소인으로서 일생이 끝장납니다.

계속되는 9장 21절 말씀을 보겠읍니다.
"사울이 대답하여 가로되 나는 이스라엘 지파의 가장 작은 지파 베냐민 사람이 아니오며 나의 가족은 베냐민 지파 모든 가족 중에 가장 미약하지 아니하니이까 당신이 어찌하여 내게 이같이 말씀하시나이까."
자, 백성들이 왕을 찾기 시작합니다. 드디어 사무엘 선지자가 사울왕을 선택하게 되었읍니다. 본문 말씀은 사울이 선택되었을 때 그가 대답하는 장면을 기록하고 있읍니다. 이 이야기는 한 마디로 이러한 이야기입니다.
"저는 왕될 자격이 없읍니다. 저는 지극히 작은 자입니다. 제가 어떻게 감히 왕이 될 수 있는 자격이 있다는 말씀입니까?"
이렇게도 사울왕의 처음은 대단히 겸손하고 겸허한 자세로 시작됩니다. 그러나 인생의 마지막은 오만한 자세로 끝장납니다. 대단히 드라마틱한 생애를 살았던 인물이 바로 이 사울왕입니다.

그러면 하나님은 이렇게 좋게 시작된 사울왕을 왜 역사의 무대에서 버리십니까? 하나님이 사울을 버리시는 이유가 어디에 있는지요? 몇 가지 주목할 만한 이유를 발견할 수 있읍니다.

첫째로, 사울은 자기 일의 한계에 무지했읍니다.
내가 해야 할 일이 무엇이고 하지 말아야 할 일이 무엇인지 구별치 못했다는 이야기입니다. 하나님은 모든 백성들이 하나님이 자기에게 주신 은사가 무엇이며 직임이 무엇인지를 스스로 알아서 현재 서 있는 자리에서 맡겨 주신 그 은사를 가지고 하나님 당신이 기대하시는 그 일을 하기를 원하십니다. 그렇게 하지 못할 때 하나님은

그 사람을 쓰실 수가 없읍니다. 이 문제에 관한 가장 좋은 고전적
인 실례를 사울왕이 보여 줍니다.

사무엘상 13장 8절 이하의 말씀을 보겠읍니다.

"사울이 사무엘의 정한 기한대로 이레를 기다리되 사무엘이 길갈
로 오지 아니하매 백성이 사울에게서 흩어지는지라 사울이 가로되
번제와 화목제물을 이리로 가져오라 하여 번제를 드렸더니 번제드
리기를 필하자 사무엘이 온지라 사울이 나가 맞으며 문안하매"(8
~10절).

무슨 이야기입니까? 사울왕이 자기가 하지 말아야 할 제사를 드
리는 일을 하고 있는 것을 볼 수 있읍니다. 사무엘 선지자의 도착
이 늦어진다는 이유로 그는 기다리다 못해 자신의 영웅심리를 발
동하여 마침내 그가 하지 말아야 할 제사일을 집행하기 시작했읍
니다.

계속되는 말씀을 보겠읍니다.

"사무엘이 가로되 왕의 행한 것이 무엇이뇨 사울이 가로되 백성은
나에게서 흩어지고 당신은 정한 날 안에 오지 아니하고 블레셋 사
람은 믹마스에 모였음을 내가 보았으므로 이에 내가 이르기를 블
레셋 사람은 나를 치러 길갈로 내려 오겠거늘 내가 여호와께 은혜
를 간구치 못하였다 하고 부득이하여 번제를 드렸나이다"(11~12
절).

할 말은 있읍니다. 그러나 하나님은 이와 같은 사울의 행위를 좋게
보시지 않았다는 것을 볼 수 있읍니다. 사무엘이 어떻게 응답합니
까?

"왕이 망령되이 행하였도다 왕이 왕의 하나님 여호와께서 왕에게
명하신 명령을 지키지 아니하였도다"(13절).

이 말씀에서 망령되이 행하였다는 것은 바로 하지 말아야 할 일을
행하였다는 말씀입니다. 이렇게 망령된 행동이 선지자의 마음을
서글프게 하고 드디어는 하나님께서 포기하시게 되는 직접적인 동

기가 되었읍니다. 그가 소명이 없는 일을 했을 때, 그가 부르지도
않는 일을 행했을 때 하나님이 싫어하신 사건을 우리는 성경에서
볼 수 있읍니다.

저는 젊은 후배들이 찾아와서 신학교에 갈 문제를 상의해 올 때
되도록이면 가지 말라고 권하는 편입니다. 그 이유가 있읍니다.
만일 그에게 소명이 없을 때 단순히 한순간의 감정으로 그 일을 자
원했다가 결국 실망하고 자신의 생애를 버리는 숱한 사람들을 주
변에서 얼마든지 볼 수 있기 때문입니다. 하나님이 부르신 것이 확
실하다면 주님께서는 어떻게 해서든지 그를 무대 위로 끌어내시고
그를 쓰시고야 말 것입니다. 그러나 때때로 우리는 소명이 없는 일
을 하려고 덤비는 경우들이 얼마나 자주 있읍니까? 내가 해야 할
일을 하나님 앞에서 올바로 발견하고 그 일에 충성하는 것이 얼마
나 중요한 일인지요.

**둘째로, 사울은 하나님의 말씀을 가볍게 여기고 불순종했읍
니다.**
계속되는 사무엘상 15장 1절 이하의 말씀을 보겠읍니다.
"사무엘이 사울에게 이르되 여호와께서 나를 보내어 왕에게 기름
을 부어 그 백성 이스라엘 위에 왕을 삼으셨은즉 이제 왕은 여호와
의 말씀을 들으소서 만군의 여호와께서 이같이 말씀하시기를 아말
렉이 이스라엘에게 행한 일 곧 애굽에서 나올 때에 길에서 대적한
일을 내가 추억하노니 지금 가서 아말렉을 쳐서 그들의 모든 소유
를 남기지 말고 진멸하되 남녀와 소아와 젖먹는 아이와 우양과 약
대와 나귀를 죽이라 하셨나이다"(1~3절).
여기 사무엘이 사울에게 전했던 하나님의 말씀을 보십시오. 그들
에게 적을 완전히 진멸하라고 명하신 하나님의 말씀을 보게 됩니
다. 그때 사울왕이 이 하나님의 명령을 어떻게 다루었는지 계속되
는 9절의 말씀을 통해서 확인해 보겠읍니다. 9절에 보면 사울왕이

아말렉 사람들과의 전쟁에서 큰 승리를 거둡니다.
"사울과 백성이 아각과 그 양과 소의 가장 좋은 것 또는 기름진 것
과 어린 양과 모든 좋은 것을 남기고 진멸키를 즐겨 아니하고 가치
없고 낮은 것은 진멸하니라."
어떻게 했습니까? 불순종했습니다. 모조리 없애라는 하나님의 명
령에 불순종하고 다 없애지 않았습니다. 여기에서 우리는 하나님
의 말씀을 가볍게 여기고 그 말씀을 순종하지 않았던 사울의 모습
을 볼 수 있습니다.

이제 17절 이하의 말씀을 보겠습니다.
"사무엘이 가로되 왕이 스스로 작게 여길 그 때에 이스라엘 지파의
머리가 되지 아니하셨나이까 여호와께서 왕에게 기름을 부어 이스
라엘 왕을 삼으시고 또 왕을 길로 보내시며 이르시기를 가서 죄인
아말렉 사람을 진멸하되 다 없어지기까지 치라 하셨거늘 어찌하여
왕이 여호와의 목소리를 청종치 아니하고 탈취하기에만 급하여 여
호와의 악하게 여기시는 것을 행하였나이까"(17~19절).
이 사건과 관련되어서 사무엘 선지자가 사울에게 한 유명한 교훈
이 전개됩니다. 22,23절 말씀을 보십시오.
"사무엘이 가로되 여호와께서 번제와 다른 제사를 그 목소리 순종
하는 것을 좋아하심같이 좋아하시겠나이까 순종이 제사보다 낫고
듣는 것이 수양의 기름보다 나으니."
순종이 제사보다 낫다는 유명한 고백이 이 부분에 기록되어 있습
니다. 여기에서 사울왕이 불순종의 범죄를 저지른 것을 볼 수 있습
니다. 성경에서 하나님이 그렇게 끔찍하게도 싫어하시는 범죄 가
운데 하나가 이 불순종의 범죄입니다. 주님이 말씀하시면 그대로
행해야 합니다. 이 사울왕의 불순종의 범죄가 얼마나 하나님의 마
음을 슬프게 했는지요 !
한걸음 더 나아가서 이 불순종의 범죄와 함께 그가 범한 또 하나
의 범죄가 있습니다.

세째로, 사울은 거짓말을 했읍니다.

사무엘상 15장 13절을 보겠읍니다.

"사무엘이 사울에게 이른즉 사울이 그에게 이르되 원컨대 당신은 여호와께 복을 받으소서 내가 여호와의 명령을 행하였나이다."

사울이 뭐라고 말합니까? "내가 여호와의 명령을 행하였나이다"라는 이 말은 실상 거짓말입니다. 그는 불순종의 범죄와 함께 거짓의 범죄를 저질렀던 것입니다.

거짓말을 했을 뿐 아니라 그는 또 다른 범죄를 저지릅니다.

"사울이 사무엘에게 이르되 나는 실로 여호와의 목소리를 청종하여 여호와께서 보내신 길로 가서 아말렉왕 아각을 끌어 왔고 아말렉 사람을 진멸하였으나 다만 백성이 그 마땅히 멸한 것 중에서 가장 좋은 것으로 길갈에서 당신의 하나님 여호와께 제사하려고 양과 소를 취하였나이다"(20, 21절).

이것은 또 무엇입니까? 그것은 한마디로 핑계입니다. 자기가 했다고 말하지 않는 모습을 보십시오. 여기에 흥미있는 표현이 있읍니다.

"다만 백성이…"

"내가 그런 것이 아니라 백성들이 그 마땅히 멸할 것 중에서 좋은 것으로 하나님께 제사하기를 원하기 때문에 그래서 그것을 취했읍니다."

사울의 이 거짓말은 이제 한걸음 더 나아가서 자기의 거짓말의 범죄를 감추기 위해서 백성에게 책임을 전가하는 이중의 범죄를 초래했읍니다.

네째로, 사울은 영광을 자신이 취했읍니다.

한걸음 더 나아가서 사울왕이 하나님께 범한 심각한 범죄를 보게 됩니다. 그것은 같은 장 12절에 기록되어 있읍니다.

"사무엘이 사울을 만나려고 아침에 일찌기 일어났더니 혹이 사무엘에게 고하여 가로되 사울이 갈멜에 이르러 자기를 위하여 기념비를 세우고 돌이켜 행하여 길갈로 내려갔다 하는지라."
전쟁에 승리한 후에 사울이 무슨 짓을 했읍니까? 자기를 위한 기
념비를 세운 것입니다. 나는 얼마나 위대한가, 나는 이 전쟁에서
얼마나 위대한 용맹을 떨쳤는가, 그래서 자기를 위한 기념비를 세
웠읍니다. 이것은 하나님이 대단히 싫어하시는 일입니다. 사울이
전쟁에서 싸울 수 있었던 것, 용맹스러울 수가 있었던 것, 전쟁에
서 승리할 수 있었다는 것, 이것은 다 누구의 도움 때문입니까?
하나님이시죠. 마땅히 누구에게 영광을 돌려야 합니까? 하나님
입니다. 그러나 전쟁이 끝난 후에 사울은 무슨 기념비를 세웁니
까? 자기를 위한 기념비를 세웠읍니다

　여기서 그리스도인의 봉사생활에서 중요한 태도 하나를 볼 수
있읍니다. 우리는 하나님 앞에 봉사한 후에 자칫 잘못하면 자기를
내세우기가 쉽습니다.
"내가 이런 일을 했는데…"
교회 생활에서도 마찬가지입니다.
"내가 어떤 봉사를 했는데…"
많이 봉사한 사람이 오히려 교회에서 시험의 대상이 되는 것을 볼
수 있읍니다. 왜냐하면 봉사의 초점이 하나님이 아니라 자기 자신
에게 있었기 때문입니다.

　누가복음 17장 10절 말씀을 보겠읍니다. 우리는 이 부분에서 그
리스도인의 봉사 생활의 대단히 중요한 원리 하나를 발견할 수 있
읍니다.
"이와 같이 너희도 명령받은 것을 다 행한 후에 이르기를 우리는
무익한 종이라 우리가 하여야 할 일을 한 것뿐이라 할지니라."
이 말씀은 주인의 명령을 받들어 충성을 다한 뒤에 종이 취해야 할
태도를 예수께서 교훈하고 계시는 장면입니다. 명령받은 일을 다
행한 후에 "저는 지극히 무익한 종입니다. 마땅히 해야 할 일을 했

을 따름이죠"라는 고백을 통한 겸허를 주님께서는 원하십니다.

　어떤 사람이 참 열심히 일하는 광경을 보고서 우리는 마음 속에 큰 감동을 받습니다. 칭찬을 꼭 해주고 싶었습니다. 격려를 하고 싶었습니다. 그런데 그 사람이 "보십시오. 내가 이렇게 많이 일했읍니다"라고 과시하기 시작하면 왜 그런지 그 사람이 그렇게 보기 싫어집니다. 자기를 과시함으로써 자기가 행한 일을 스스로 무너뜨리는 경우를 우리 주변에서 종종 볼 수가 있읍니다.

　사울왕의 경우가 그랬읍니다.

　이 말씀과 함께 베드로전서 4장 10절의 말씀을 보십시오. 이 말씀은 봉사 생활의 또 다른 원리를 제시해 줍니다.
"각각 은사를 받은 대로 하나님의 각양 은혜를 맡은 선한 청지기같이 서로 봉사하라."
봉사할 때 어떤 자세로 봉사해야 합니까? 청지기같이 해야 합니다. 묻습니다. 청지기는 자기 재산이 있읍니까? 없읍니다. 청지기는 주인이 자기에게 맡긴 부분의 일만 하는 사람입니다. 주인의 재산을, 주인의 농토를, 주인이 맡긴 그 땅을 관리하는 사람이 청지기입니다. 선한 청지기가 되기 위해서는 어떻게 해야 합니까? 그 재산을 자기 것처럼, 그리고 그 농토를 자기 것처럼 자기 마음대로 하려고 하기 시작하면 거기에서 문제가 발생하기 시작합니다. 선한 청지기일수록 언제나 주인의 뜻을 살핍니다. 그리고 주인이 기뻐하시는 바를 행합니다. 그리고 주인의 뜻을 따라서 그 재산을 잘 관리합니다.

　계속되는 베드로전서 4장 11절에서 선한 청지기같이 봉사하는 자세가 어떤 것인가를 보시기 바랍니다.
"만일 누가 말하려면 하나님의 말씀을 하는 것 같이 하고 누가 봉사하려면 하나님의 공급하시는 힘으로 하는 것 같이 하라 이는 범사에 예수 그리스도로 말미암아 하나님이 영광을 받으시게 하려

함이니."
그리스도인들이 말을 할 때에는 "하나님의 말씀을 하는 것 같이 하라"고 말씀합니다.

제가 하나님의 말씀을 당신에게 전달하고 있읍니다. 그러므로 저는 말씀의 청지기입니다. 이 말씀은 제 말씀이 아닙니다. 제가 똑똑해서 발견해 낸 말씀도 아니고 이 말씀은 하나님께서 제게 주신 말씀입니다. 그런데 제가 말씀을 전하면서 "보라, 나는 말씀을 전하는 일에 얼마나 탁월한 사람인가"라고 제 자신을 자랑하기 시작하면 저는 어떤 사람입니까? 저는 선한 청지기가 아닙니다.

교인들 중의 어떤 분이 "우리 목사님이 얼마나 말씀을 잘 전하시는지 참 목사님 훌륭하십니다"라고 칭찬했을 때 제가 어떻게 반응해야 옳습니까? "옳습니다"라고 대답할까요? 아니지요. 왜냐하면 주께서 제게 주신 말씀을 전달했을 따름이기 때문입니다. 그래서 누가 말하려면 하나님의 말씀을 하는 것 같이 하고, 또 누가 봉사하려면 하나님의 공급하시는 힘으로 하는 것 같이 하라로 말씀은 교훈합니다.

당신이 불쌍한 사람을 구제했읍니다. 구제한 다음에 내가 구제한 것을 누가 알아 주지 않는가 하고 눈길을 돌리기 시작하면 그 때부터 당신의 그 구제 행위는 의미를 잃어버리기 시작합니다. 누가 와서 당신의 구제를, 당신의 봉사의 생활을, 당신의 공로를, 당신의 희생을 칭찬하거든 이렇게 말하십시오.
"주님이 주셔서 한 것뿐입니다. 재산도, 건강도, 능력도, 시간도 다 주님이 주셨기 때문입니다."
바로 여기에서 우리는 그리스도인들의 봉사 생활의 중요한 원리를 찾을 수 있읍니다. 우리는 청지기입니다. 하나님이 주셔서 행하는 것입니다. 따라서 영광은 다 하나님께 돌릴 따름입니다. 하나님이 제일 싫어하시는 것은 우리가 하나님의 영광을 탈취하려는 것입니다. 그런데 사울왕이 전쟁에 승리한 후 무슨 기념비를 세웁니까? 하나님을 위한 기념비를 세우기는커녕 자기를 위한 기념비를 세웠읍니다. 여기에서 사울의 중대한 실패와 몰락의 첫걸음을 우리는 찾아 볼 수 있읍니다. 바벨탑의 유혹이 바로 그와 같은 유혹입니다.

2
하나님이 사람을 찾으심

사무엘상 13장으로 다시 돌아가겠읍니다. 13장에 보면 사울을 버리신 하나님께서 중대한 역사를 시작하십니다. 13장 14절에 보면 사울왕을 버리기로 결정하신 하나님께서 사무엘 선지자를 통해서 한 사람을 찾기 시작하십니다.

"지금은 왕의 나라가 길지 못할 것이라 여호와께서 왕에게 명하신 바를 왕이 지키지 아니하였으므로 여호와께서 그 마음에 맞는 사람을 구하여 그 백성의 지도자를 삼으셨느니라 하고."

드디어 하나님이 새로운 사람을 찾기 시작하셨읍니다. 사람을 찾습니다. 하나님이 사람을 찾기 시작합니다. 사울왕을 버리기로 작정하신 그 하나님께서 당신의 마음에 맞는 사람을 구하시기 위해 거리로 뛰쳐 나가셨읍니다. 옛날 철학자 디오게네스처럼 등불을 들고 하나님의 마음에 맞는 사람을 찾기 시작하십니다.

유명한 선교사인 허드슨 테일러에게 어떤 사람이 이렇게 물었읍니다.

"목사님, 당신이 기적 같은 그 놀라운 선교를 할 수 있었던 방법이
무엇입니까? 그 좋은 방법을 가르쳐 주십시오."
위대한 하나님의 사람인 허드슨 테일러는 이렇게 대답합니다.
『하나님의 방법은 사람입니다.』
그렇습니다. 하나님은 어떤 기술을 가지고 역사하시는 것이 아닙
니다. 하나님은 전략을 가지고 역사하시는 것도 아닙니다. 또 프
로그램 (program) 을 가지고 역사하시는 것이 아닙니다. 하나님은
당신의 마음에 맞는 사람을 통해서 당신의 일을 이루십니다. 그래
서 언제나 하나님은 사람을 귀하게 보십니다.

　도산 안창호 선생이 없는 흥사단이 무슨 의미가 있겠읍니까?
흥사단이 아직도 있읍니다만 도산 안창호 선생이 가신 후에 그 흥
사단의 존재의 의미가 어디 있읍니까? 중요한 것은 도산 안창호
선생이지 흥사단이란 조직이 아닙니다.

　하나님의 방법은 사람입니다. 하나님이 사람을 찾으십니다. 하
나님의 마음에 맞는 사람! 하나님이 쓸 수 있는 사람! 하나님의
거룩한 손길에 붙들림을 받은 사람! 그런 사람을 주께서 찾으십
니다. 이런 사람이 어디에 있읍니까! 하나님은 언제 어느 때 우리
의 동리에 찾아오실지 모릅니다.

　시편 89편 20절에 보면 대단히 중대한 말씀이 기록되어 있읍니
다. 다윗에 관한 놀라운 선언을 시편 기자가 전해 줍니다.
"내가 내 종 다윗을 찾아 나의 거룩한 기름으로 부었도다."
드디어 시편 기자는 이렇게 선언합니다.
"내가 내 종 다윗을 찾아."
드디어 하나님은 찾으셨읍니다. 하나님의 마음에 맞는 사람을 찾
으셨읍니다. 그리고 여기 성경은 "…찾아 나의 거룩한 기름으로
부었도다"라고 선언합니다. 주께서 드디어 찾으셨읍니다.

　하나님이 당신의 사람을 찾으신다고 할 때, 이 "찾는다"는 말은

두 가지 차원에서 쓰여집니다.

하나는 "구원의 차원"에서입니다. 구원의 차원에서 하나님이 사람을 찾으십니다. 영혼을 구원하기 위해서 사람을 찾으십니다. "인자가 온 것은 잃어버린 자를 찾아 구원하려 하심이라." 사람들이 영혼을 구원하기 위해서, 그들을 죄와 사망에서 건져 내기 위해서, 그들을 어둠의 나라에서 끌어 내시기 위해서 하나님이 사람을 찾으십니다.

찾음에 대한 유명한 이야기가 있습니다. 누가복음 15장에 보면 세 가지 찾음의 비유가 나옵니다. 첫번째 비유는 선한 목자가 잃어버린 한 마리 양을 찾는 비유입니다. 두번째 비유는 잃어버린 드라크마를 찾는 어떤 여인의 비유입니다. 세번째는 어떤 아버지가 잃어버린 자기의 아들을 찾고 있는 이야기입니다. 이 세 얼굴은 다 하나님의 얼굴입니다. 여기 목자가 양을 찾습니다. 그 목자는 예수님입니다. 그 다음에는 어떤 여자가 잃어버린 드라크마를 찾습니다.

왜 하필이면 여자로 하나님께서는 사람을 찾는 놀라운 사건을 비유하셨을까요? 저는 어느 날 하나님이 사람을 찾는 놀라운 비유를 왜 여자가 잃어버린 동전을 찾고 있는 것에 비유하셨을까 하고 묵상하다가 그 대답을 택시 안에서 발견했습니다.

어느 날 서울에서 택시를 타고 가다가 제 아내와 내리기 위해서 주머니를 뒤적거리고 있었습니다. 그때 택시값을 내다가 10원짜리 동전 하나가 시트 밑으로 떨어졌는데 저는 그냥 내리려고 했습니다. 그런데 제 아내가 포기를 안 합니다. 계속 찾습니다. 기사님이 욕을 하건말건 상관없이 계속 잃어버린 동전 하나를 열심히 찾습니다.

이 여자의 무서운 집념, 그것이 바로 하나님의 집념입니다. 잃어버린 나를 포기할 수 없는 하나님의 집념이 나를 찾습니다. 찾고 또 찾습니다. 그렇게 하나님이 우리를 찾으십니다. 우리를 구원하시기 위해서입니다.

이 "찾는다"는 것은 또 하나의 의미가 있읍니다. 단순히 우리를 구원해서 천국에 가도록 하나님의 자녀로만 삼기 위해서 찾는 것이 아닙니다. 이제 찾는 사람은 그를 사용하셔서 하나님의 일을 시키기 위한 하나님의 일꾼으로 삼기 위해서 찾습니다. 이 두번째 찾음의 사건은 "소명의 차원"입니다. 주님의 일을 그를 통해서 나타내시기 위해서 일꾼을 찾으십니다.

그러나 구원의 사건과 사역의 사건, 이 두 가지를 결코 분리시킬 수는 없읍니다. 하나님이 우리를 구원하신 궁극적인 목적은 우리를 사용하시기 위해서입니다.

당신은 요한복음 15장 16절의 말씀을 기억하십니까?
"너희가 나를 택한 것이 아니요 내가 너희를 택하여 세웠나니 이는 너희로 가서 과실을 맺게 하고."
주님이 우리를 선택하신 이유, 우리를 구원하신 이유는 무엇입니까? 그것은 우리로 하여금 열매를 맺게 하기 위해서입니다. 우리가 다른 사람들을 주님 앞에 인도하는 이 놀라운 열매를 맺도록 하시기 위해서 주께서 우리를 구원하신 것입니다.

하나님이 사람을 찾으십니다. 그래서 사울왕을 버리기로 작정하시자 하나님의 눈길이 드디어 하나님의 마음에 합한 사람인 다윗이라는 한 목동의 얼굴 위에 머물기 시작했읍니다.

3
다윗의 선택

우리는 다윗이 역사의 무대 위에 부상하는 장면을 서론적으로 생각해 보았읍니다. 이스라엘의 초대 왕이었던 사울이 어떻게 해서 역사의 무대 위에서 퇴조하며, 다윗이 이 무대 위에 어떻게 들어서는지 살펴보았읍니다. 그러나 하나님이 하필이면 그 많은 사람 가운데서 왜 다윗을 선택하셨는가 라는 물음은 아직 끝나지 않았읍니다. 왜 하나님이 다윗을 선택하셨읍니까? 주님이 다윗을 선택하신 이유를 우리는 두 가지 측면에서 생각할 수 있읍니다. 하나는 신적인 측면에서이며, 또 하나는 인간적인 측면에서 생각할 수 있읍니다.

우리가 신적인 측면에서 생각할 때 먼저 이 사실을 분명히 해야 합니다. 다윗이 인간적으로 하나님 앞에 쓰임을 받을 만한 어떤 훌륭한 공로나 업적이 있기 때문에 하나님이 다윗을 선택하신 것이라고 말해서는 안 됩니다. 다만 하나님이 기뻐하시는 뜻대로 다윗을 선택한 것이라고 말해야만 합니다. 그러나 우리는 동시에 인간적인 측면을 간과해서도 안 됩니다. 하나님이 당신의 기뻐하시는

뜻대로 다윗을 선택하셨음에도 불구하고 여전히 다윗에게는 하나
님 앞에 선택을 받을 만한 인격적인 자질이 있었다는 사실도 동시
에 바라보아야만 합니다.

1. 선택의 동기

1) 신적인 측면

하나님이 당신의 기뻐하신 뜻대로 다윗을 선택하셨다고 이야기할
때 그 의미는 인간적 조건에 의해서 다윗을 선택하신 것이 아니라
는 사실을 말씀드렸습니다. 그러므로 우리는 인간적 조건을 초월
해서 하나님이 하나님의 주권대로 다윗을 선택하셨다는 사실에서
부터 이야기를 시작해야 옳습니다.

자, 이제 다윗이 선택함을 받아 기름부음을 받는 첫 장면을 성경
을 통해서 대면하도록 하겠습니다. 사무엘상 16장 1절에서 13절까
지의 말씀을 보십시오. 본문에는 사무엘이 하나님께서 선택할 사
람을 이새의 아들 중에서 선정하는 과정이 기록되어 있습니다. 6
절의 "그들이 오매 사무엘이 엘리압을 보고 마음에 이르기를 여호
와의 기름부으실 자가 과연 그 앞에 있도다 하였더니"라는 말씀에
서 사무엘이 맨 처음 이새의 아들들 가운데서 장남인 엘리압에게
마음을 두고 있었다는 것을 발견하게 됩니다. 그 이유가 7절의 "…
용모와 신장을 보지 말라"는 말씀에 근거하여 용모와 신장에 있어
서 큰 아들이었던 엘리압이 가장 뛰어났기 때문이라는 것을 알 수
있습니다. 맏아들에다가 용모와 신장이 크고 아름답게 뛰어났던
이 장형 엘리압을 사무엘이 사울의 후계자로 뽑을 수 있었으리라
는 사실을 우리도 쉽게 예견할 수 있습니다. 그러나 하나님께서 이
엘리압을 손꼽고 있는 사무엘에게 유명한 말씀을 하십니다.
"나의 보는 것은 사람과 같지 아니하니 사람은 외모를 보거니와 나

여호와는 중심을 보느니라.”
우리는 이 사실에 있어서 먼저 하나님이 사람을 선택하시는 조건
이 인간적인 조건과 반드시 일치하는 것은 아니라는 사실을 봅니
다. 누가 이 여덟 아들 가운데서 맨 말째인 다윗을 사울의 후계자
로 감히 상상이나 할 수 있겠읍니까? 그러나 하나님의 마음은 이
다윗에게 머물러 있었다는 사실을 이 말씀을 통해서 봅니다.

　오늘도 하나님께서는 사람들 가운데서 하나님의 사람을 찾으십
니다. 주의 손길에 붙들림을 받아 자기의 개성과 재능과 영적인 은
사를 가지고 우리 주님을 섬길 수 있는 주님의 사람들을 이 많은
사람들 가운데서 찾으십니다. 그러나 먼저 분명히 해두십시다. 사
람들의 조건과 인간적인 기준을 따라서 하나님이 사람을 선택하시
는 것은 아니라는 사실을! 때때로 하나님은 인간들의 상식을 깨
뜨리십니다. “당연히 저 사람이면” 할 수 있는 사람을 하나님은 버
리십니다. 그리고 “제가 어떻게” 하는 사람들을 하나님은 때때로
취하십니다. 그래서 하나님의 영광을 그에게서 나타내십니다.

　고린도전서 1장에서 우리는 이러한 하나님의 선택의 아름다움을
찾아 볼 수 있읍니다. 바울 사도는 고린도교회 성도들에게 이렇게
편지를 씁니다.
“형제들아 너희를 부르심을 보라 육체를 따라 지혜있는 자가 많지
아니하며 능한 자가 많지 아니하며 문벌좋은 자가 많지 아니하도
다”(26절).
하나님이 쓰시고 있는 하나님의 사람들 가운데는 지혜있는 자가,
본래 세속적인 지혜있는 자가 그렇게 많지 않습니다. 왜 그렇습니
까? 그 이유를 우리는 다음 절에서 발견합니다.
“그러나 하나님께서 세상의 미련한 것들을 택하사 지혜있는 자들
을 부끄럽게 하려 하시고 세상의 약한 것들을 택하사 강한 것들을
부끄럽게 하려 하시며 하나님께서 세상의 천한 것들과 멸시받는

것들과 없는 것들을 택하사 있는 것들을 폐하려 하시나니"(27, 28
절).

대답은 29절에 있읍니다.

"이는 아무 육체라도 하나님 앞에서 자랑하지 못하게 하려 하심이
라."

만일 어떤 지혜있는 사람이, 그리고 인간적으로 뛰어난 사람이 하
나님 앞에 뽑힘을 받아 하나님의 일을 하게 되었다고 가정해 봅시
다. 우리는 당연히 그 사람을 보고 "저 사람은 본래 똑똑하니까,
저 사람은 본시 뛰어났으니까 그가 그런 일을 하는 것이 타당하다"
라고 생각할 것입니다. 그러나 그럴 만한 인간적인 조건이 없는 사
람이 하나님의 놀라운 일을 감당할 때 사람들은 그 사람 속에서 역
사하시는 하나님의 거룩한 능력을 주목하기 시작합니다.

유명한 아시시의 성자 프랜시스에게 어느 날 한 사람이 찾아와
서 이렇게 말했읍니다.

"선생님, 선생님이 그리스도의 기적을 나타내고, 그리스도의 거룩
한 영광을 나타내고, 그리고 선생님을 만나기만 하면 사람들이 변
하는데, 그 놀라운 성업을 감당하시고 계신 비밀이 어디에 있읍니
까?"

이때 아시시의 성자 프랜시스는 이 질문을 던진 사람을 물끄러
미 바라보면서 이런 유명한 대답을 했읍니다.

『전능하신 하나님은 어느 날 이 지구상에 살고 있는 그 많은 사람
들을 바라보셨읍니다. 그리고 많고 많은 사람들 가운데서 이 땅 위
모서리 한구석에 가장 연약하고 가장 무지하며 가장 미련한 한 사
람을 보시기 시작하셨읍니다. 거기에 하나님의 눈동자는 머무셨읍
니다. 그리고 하나님은 이렇게 말씀하셨읍니다. '그렇다, 저 사람
이다. 저를 통해서 나의 강함과 나의 지혜로움과 나의 능력을 나타
내리라.' 그것이 하나님이 나를 선택하신 이유의 전부입니다.』

누가 이새의 가족 중에 제일 말째 아들인 다윗을 주목한 사람이 있겠읍니까? 아무도 다윗을 생각하지 않았읍니다. 실제로 이새는 자기의 아들들을 세워 놓고 하나님 앞에 심사를 받는 과정에서 다윗은 아예 제외해 버리고 일곱 아들만 심사를 받기 원했읍니다. 그러나 하나님은 숨겨둔 막내 아들 다윗에게 시선을 두셨읍니다. "저 사람이다. 저 사람을 통해서 내 영광과 내 능력을 나타내리라."

하나님의 선택 기준은 때때로 인간적인 선택 기준과 전혀 다르다는 사실을 우리는 이 말씀 앞에서 발견합니다. 하나님은 하나님 자신의 주권적 의지를 따라 주님께서 기뻐하시는 뜻대로 당신의 사람을 찾으십니다.

2) 인간적인 측면

신적인 측면과 동시에 인간적 측면을 무시할 수 없읍니다. 하나님은 일찌기 사울을 버리시기로 작정하고 사람을 찾으시면서 이렇게 말씀하셨읍니다.

"내 마음에 합한 사람을 내가 찾으리라."

하나님은 하나님의 마음에 합한 사람으로서의 자질, 인격적인 특성을 이 다윗이라는 한 목동에게서 보셨읍니다. 아직 그 자질은 개발되지 않았지만, 아직 그 자질은 피어나지 않았지만 하나님은 다윗 속에 움직이고 있는, 하나님의 영광스러운 사역에 쓰임을 받아 일할 수 있는 커다란 가능성을 그에게서 발견하셨읍니다. 그래서 하나님은 다윗을 찾아 내셨읍니다. 그리고 그에게 거룩한 기름을 붓습니다.

2. 세 번 기름부음 받음

우리가 성경을 통해서 다윗의 전 생애를 연구해 보면, 엄격하게 말해서 다윗은 세 번에 걸쳐서 기름부음을 받는 것을 보게 됩니다. 한 번이 아닙니다. 세 번입니다. 사무엘상 16장 13절에서 처음으로 다윗은 기름부음을 받았읍니다.

"사무엘이 기름뿔을 취하여 그 형제 중에서 그에게 부었더니…" 이때는 베들레헴에서 개인적으로 사무엘 선지자에 의해서 기름부음을 받았읍니다. 그때 나이가 20세입니다. 그는 20세의 청년으로 하나님 앞에 선택함을 받아 기름부음을 받았읍니다. 그러나 아직까지도 다윗의 선택은 개인적이고 은밀한 차원에서만 이루어지고 있었읍니다.

그러나 이제 사무엘하 2장 4절을 보겠읍니다.

"유다 사람들이 와서 거기서 다윗에게 기름을 부어 유다 족속의 왕을 삼았더라."

그가 왕으로 선택함을 받은 것은 20살 때였지만, 정작 왕위의 자리에 등극하기까지는 대단히 많은 시간을 필요로 했읍니다. 사무엘하 2장 4절에 이르러 다윗은 비로소 유다 족속에 의해서 왕으로 추대되고, 그때 개인적이 아니라 공적으로 기름부음을 받습니다. 그러나 아직까지도 그는 유다 족속에 의해서만 왕으로 인정을 받고 있었을 뿐입니다.

조금 더 나아가서 이제 사무엘하 5장 3절을 보겠읍니다.

"이에 이스라엘 모든 장로가 헤브론에 이르러 왕에게 나아오매 다윗왕이 헤브론에서 여호와 앞에서 저희와 언약을 세우매 저희가 다윗에게 기름을 부어 이스라엘 왕을 삼으니라."

이렇게 해서 다윗이 세 번 기름부음을 받는 것을 알 수 있읍니다. 이번에는 누가 기름을 부었읍니까? 이스라엘 모든 장로들이, 남방 유다뿐만 아니라 북방 이스라엘 장로들에 의해서 다윗은 왕으로 인정되면서 기름부음을 받습니다.

4
다윗의 시험

우리는 다시 사무엘상 16장 13절의 사건을 주목해서 볼 필요가 있습니다. 아직 아무도 다윗을 알지 못하고, 아무도 다윗을 인정하지 않던 시절에 하나님은 다윗을 보셨습니다. 다 아셨습니다. 그리고 하나님은 다윗을 왕으로 삼기로 작정하셨습니다. 그리고 사무엘 선지자를 통해서 숨어 있던 다윗을 찾아 내셨고, 소년 다윗에게 기름을 부으셨습니다. 그는 왕으로 작정된 것입니다.

그러나 그가 실제로 왕이 되기까지는 하나님에 의해서 일련의 시험 기간을 지나지 않으면 안 되었습니다. 테스트의 기간을 지납니다. 마치 우리 구주 예수 그리스도가 영광스러운 메시야로 오셨지만 그가 메시야로서 사역을 시작하시기 전에 광야에서 시험 기간을 보내셨던 것처럼, 다윗도 왕으로서 하나님의 거룩한 사역을 시작하기 전에 시험받는 기간을 보내게 된 것을 볼 수 있습니다. 하나님은 사람들을 쓰시기 전에 사람들을 시험하십니다. 이 시험의 기간들을 통해 우리를 단련하신 후 하나님의 영광스러운 사역이 시작됩니다.

이제 다윗이 어떻게 시험을 받으면서 하나님의 마음에 합한 사람으로서의 자질을 드러내는지 살펴보겠읍니다.

1. 궁중에서의 시험

다윗을 향한 하나님의 시험은 궁중에서 시작됩니다.

사무엘상 16장 14절의 사건은 사울과 다윗의 일생을 통해서 대단히 중요한 사건입니다. 다윗에게 하나님의 거룩한 신이 임하자마자 사울에게서 하나님의 신이 떠나갑니다. 13절에 보면 하나님의 신에 의해서 다윗이 기름부음을 받았읍니다. 그 사건과 동시에 14절에서는 하나님의 신이 사울에게서 떠나고 한 사람 다윗에게 하나님의 신이 임합니다. 다윗에게 하나님의 신이 임하자마자 사울에게서 하나님의 신이 떠납니다. 그리고 사울에게는 악신이 찾아옵니다. 그리고 사울을 번뇌케 하기 시작했읍니다. 인간적인 고민, 갈등, 고통 등 이 고민의 배후에 있는 악령의 역사를 보십시오. 그래서 사울은 이 악신에 의해서 괴롭힘을 당하면서 자기의 병을 치료하기 위해서 사람을 찾습니다. 그래서 악신을 떠나가게 하고 사울왕의 병을 치료할 수 있는 하나님의 사람으로서 지적을 받아 궁중 안에 들어오는 사람이 있읍니다. 그가 바로 다윗입니다. 이때부터 다윗이 궁중 출입을 하기 시작합니다. 궁중 안에 처음으로 발을 들여 놓기 시작합니다.

18절에 묘사하고 있는 다윗의 인간됨을 보십시오.
"소년 중 한 사람이 대답하여 가로되 내가 베들레헴 사람 이새의 아들을 본즉 탈 줄을 알고 호기와 무용과 구변이 있는 준수한 자라 여호와께서 그와 함께 계시더이다."
이 말씀에서 탈 줄을 안다는 말은 악기를 다룰 줄을 안다는 말씀입니다. 이것이 다윗에 관한 인물 묘사입니다.
"악기를 잘 타고."

다윗은 예술적인 재능이 뛰어났던 사람입니다. 그는 대단히 감성적인 사람이었읍니다. 그는 시인의 기질을 가지고 태어난 사람입니다. 그래서 수많은 시들을 각종 악기에 맞추어서 하나님을 찬양하는 놀라운 일들을 했읍니다. 뿐만 아니라 그는 호기와 무용이 있었다고 합니다. 사자와 곰과 싸워서 양떼를 지키는 용기를 가졌던 사람이라고 성경은 우리에게 소개합니다. 또한 그는 구변과 지혜가 뛰어났읍니다. 그는 하나님과의 교통을 통해서 하나님이 허락하시는 놀라운 지혜를 받았던 사람입니다. 또한 그는 준수한 사람이라고 성경은 소개합니다. 개인적인 매력이 있었던 사람입니다.

이 "준수"라는 말은 히브리어에서 대단히 특별한 의미가 담겨져 있는 단어입니다. 이것이 단순히 얼굴이 미남이라는 뜻으로만 해석해서는 안 됩니다. 출애굽기 2장 2절에 보면 모세에게도 역시 준수한 사람이라는 단서가 붙어 있음을 알게 됩니다. 그러나 이 준수하다는 의미를 신약성경의 한 기자가 대단히 잘 소개하고 있음을 보게 됩니다. 출애굽기 2장 2절에서는 모세를 가리켜서 "준수한 아기"라고 기록하고 있는데 신약성경 사도행전 7장 20절에서는 이 준수하다는 의미를 "그가 하나님 보시기에 아름다우니" 이렇게 소개합니다. 그러므로 이 말은 단순히 인간적인 매력만이 아니라 하나님 보시기에 아름다운 어떤 자질이 있었다는 사실을 나타낼 때 쓰는 말입니다.

더 놀라운 것은 "나는 하나님과 함께 합니다"라고 다윗이 말한 것이 아니라는 사실입니다. 다윗을 소개하던 어떤 사람이 "저 사람은 하나님과 함께 하는 사람입니다"라고 말합니다.

내 주변에 있는 사람들이 오늘 나를 바라보면서, 내 가족들이, 내 이웃들이, 내 친구들이 나를 바라보며 내가 하나님과 함께 한다는 현저한 흔적을, 어떤 증거를 보고 있읍니까? 당신에 관해서 당신의 이웃들이 이런 소문을 낸 일이 있읍니까?

"저 사람은 아무래도 하나님이 함께 하는 사람이다."

다윗은 객관적으로 하나님의 사람으로 입증될 수 있을 만한 놀라운 조건을 가지고 있었읍니다.

그러나 시험은 이제부터입니다. 다윗이 궁중으로 불러들임을 받은 후에 다윗을 향한 하나님의 테스트는 시작됩니다. 처음으로 다윗에게는 높은 자리에서 대단히 좋은 기회를 통해서 활약할 수 있는 무대가 주어졌읍니다. 이 무대 위에서 다윗이 어떻게 행동하는가를 보기 위해서 하나님은 다윗을 주목하십니다. 우리도 다윗을 주목해 봅시다.

우리는 이 본문의 말씀을 통해서 세 가지 시험에서 합격한 다윗의 자질을 봅니다.

첫째, 그는 권위에 순복할 줄 아는 놀라운 자질을 가지고 있었읍니다.

"사울이 이에 사자를 이새에게 보내어 이르되 양치는 네 아들 다윗을 내게로 보내라 하매 이새가 떡과 한 가죽부대의 포도주와 염소 새끼를 나귀에 실리고 그 아들 다윗의 손으로 사울에게 보내니" (19, 20절).

우선 여기에서 다윗은 그 아버지 이새의 명령 앞에 복종하는 것을 볼 수 있읍니다. 다윗이 평소에 그 아버지 앞에 불복종하고 반항하는 기질이 있었던 사람이라면 이 사건 속에서 그는 어떻게 되었을까요? 다행스럽게도 다윗은 그 아버지 이새에게 복종하는 자질을 갖고 있었읍니다.

성경을 통해서 하나님께서 사용하셨던 모든 사람들을 보십시오. 그들 가운데 부모나 혹은 하나님이 세우신 권위에 대해서 반항적인 사람들을 하나님이 쓰신 사례가 있었는지 찾아 보십시오.

성경의 역사를 통해서, 교회의 역사를 통해서 하나님이 쓰셨던

모든 사람들 가운데서 한 가지 부인할 수 없는 공통적인 특징이 있
읍니다. 그들은 권위를 두려워할 줄 아는 사람들이었다는 점입니
다. 그들은 한결같이 권위에 대한 승복의 중요성을 배웠던 사람들
입니다.

오늘 현대의 인간 정신은 비판 정신을 숭고한 것으로 찬양하지
만 승복의 정신의 귀함을 가르치지 않습니다. 그 결과는 현대의 혼
돈입니다. 오늘 우리들의 가정에서 일어나는 모든 자녀 문제는 궁
극적으로 부모에 대한 그리고 권위에 대한 복종을 부모들이 어려
서부터 자녀에게 가르치지 않았다는 데 그 원인이 있읍니다. 부모
의 권위에 대한 순종을 배우지 못한 자녀들은 사회적 권위, 궁극적
으로는 하나님의 권위에 대한 승복을 알지 못합니다.

다윗은 하나님의 위대한 권위에 대해서 순종할 줄 아는 자질을
어려서부터 훈련받은 사람임을 이 장면에서 볼 수 있읍니다.

둘째, 그는 사울왕을 섬기는 일에 있어서 매우 성실했읍니다.
"다윗이 사울에게 이르러 그 앞에 모셔 서매."
그는 사울왕을 잘 섬겼읍니다. 어디 한번 생각해 봅시다. 다윗이
그때 다른 행동을 취할 수도 있었을 것입니다. 그는 이미 기름부음
을 받은 사람이라 앞으로 자기가 왕이 된다는 사실을 알고 있었을
것이기 때문입니다. 그는 궁중에 들어오는 순간부터 사울왕을 향
해서 이렇게 소리칠 수가 있읍니다.
"사울왕이여, 네 운명은 끝장났다. 이제부터 이 궁중의 주인은 나
다."
그렇지 않습니까? 그러나 성경은 다윗이 그런 태도로 궁중에 들
어오지 않고 사울왕을 잘 섬겼다고 말합니다.

"섬김"이라는 대단히 중요한 인격적인 자질, 그리고 신앙적인
자질을 이 부분에서 강조하기를 원합니다. 성경의 역사를 통해서,
교회의 역사를 통해서 하나님이 쓰셨던 모든 사람들 가운데 부인

할 수 없는 또 하나의 인격적 특질이 있읍니다. 그것은 하나님은 섬길 줄 아는 사람을 찾으신다는 것입니다.

예수님은 어떻게 선언하십니까?

"인자가 온 것은 섬김을 받으려 함이 아니고 오히려 섬기려 하고 자기의 목숨을 많은 사람들에게 대속물로 주려 함이니라."

그리스도인 지도력의 본질은 섬김에 있읍니다. 한국 교회 안에 뿌리박힌 비극이 무엇인 줄 아십니까? 언제부터인가 우리 한국교회 안에서는 교회의 직분을 하나의 계급으로 이해하는 대단히 커다란 착각이 있어 왔읍니다. 그러나 성경 어떤 부분에서도, 성경의 어떤 가르침에서도 교회의 직분을 계급으로 가르치지 않습니다. 이것은 단순히 섬김의 직분일 따름입니다. 그것은 지배하는 직분이 아니고, 군림하는 직분이 아니고, 섬기는 직분이라는 사실을 성경이 가르칩니다.

복음서를 보십시오. 지상에 계셨을 때 예수께서 가장 미워하고 가장 증오했던 계급이 어떤 계급의 사람들입니까? 누구였읍니까? 바리새인들입니다. 왜 그랬을까요? 바리새인들에게는 섬김의 자세가 결여되어 있었기 때문입니다. 그들은 섬기려 하기보다 군림하려고 했읍니다.

마태복음 23장 1절 이하의 말씀을 보겠읍니다.

"이에 예수께서 무리와 제자들에게 말씀하여 가라사대 서기관들과 바리새인들이 모세의 자리에 앉았으니 그러므로 무엇이든지 저희의 말하는 바는 행하고 지키되 저희의 하는 행위는 본받지 말라 저희는 말만 하고 행치 아니하며 또 무거운 짐을 묶어 사람의 어깨에 지우되 자기는 이것을 한 손가락으로도 움직이려 하지 아니하며 저희 모든 행위를 사람들에게 보이고자 하여 하나니 곧 그 차는 경문을 넓게 하며 옷술을 크게 하고 잔치의 상석과 회당의 상좌와 시장에서 문안받는 것과 사람에게 랍비라 칭함을 받는 것을 좋아하느니라"(1~7절).

예수님의 화살은 이 계급에 있는 사람들을 향해서 쏟아집니다. 언제나 대접받기를 즐겨하고 높은 자리에 앉기를 즐겨하던 이들이 바로 예수님의 신랄한 공격과 화살의 대상이었다는 사실이 말씀을 통해서 확인됩니다.

계속되는 마태복음 23장 8절 이하의 말씀을 보겠습니다. "그러나 너희는 랍비라 칭함을 받지 말라 너희 선생은 하나요 너희는 다 형제니라 땅에 있는 자를 아비라 하지 말라 너희 아버지는 하나이시니 곧 하늘에 계신 자시니라 또한 지도자라 칭함을 받지 말라 너희 지도자는 하나이니 곧 그리스도니라 너희 중에 큰 자는 너희를 섬기는 자가 되어야 하리라"(8~11절). 이 말씀의 놀라운 결론의 말씀이 바로 11절입니다.

생각해 봅시다. 만일 우리의 교회에서 모든 직분을 가진 사람들이 하나님께서 섬기는 자리로 불러 주신 것을 알고 철저하게 섬기는 자세를 고수한다면 한국 교회의 모든 분쟁은 그 날부터 사라지고 말 것입니다. 집사님은 교인들을 섬기고, 교인들은 집사님을 섬기고, 그리고 우리가 서로 섬긴다면 우리 안에 얼마나 아름다운 역사가 일어날까요? 그러나 불행하게도 사람들은 새로운 직분을 받을 때마다 계급이 올라간다고 생각합니다. 그러나 우리는 주님께서 부르실수록 더욱 낮은 자리에 겸허하게 서야 합니다. 그리고 섬기는 것입니다. 하나님이신 그분이 종이 되어 오시고, 제자들을 높은 자리에 앉히시고 그들의 발을 씻기셨는데 내가 섬김의 자리에 서지 못할 이유가 어디 있습니까?

다윗에게는 이 놀라운 섬김의 자질이 있었습니다. 그는 이미 왕으로 부르심을 받았음에도 불구하고, 자기가 왕이라고 주장하지 않았습니다. 하나님이 때를 주실 때까지 그는 섬김의 자리를 고수하며 사울왕을 섬겼습니다. 이 자질을 간과해서는 안 됩니다.

세째, 그는 때를 기다릴 줄 아는 인내의 덕성을 지녔읍니다.
궁중 안에서의 시험에 합격한 다윗의 놀라운 행동적 자질 가운데
하나는 "때를 기다릴 줄 아는 인내의 덕성을 지녔다"는 것입니다.
다윗이 궁중 안에 들어와서 사울왕 곁에서 한 일이 주로 어떤 일입
니까? 왜 사울왕이 다윗을 불렀읍니까? 쉽게 말하면 귀신을 쫓
아 달라고 부른 것입니다. 악기를 타서 귀신을 쫓아 내는 것이 그
의 일이었읍니다. 아마도 귀신이 음악을 무서워하는 모양입니다.
그러므로 귀신이 침범하지 못하게 하기 위해서 당신의 가정을 찬
양으로 가득 채우시기를 바랍니다. 그러한 이유로 다윗이 악기를
타기 위해서 불리움을 받은 것입니다.
　제가 다윗이라면 이렇게 말할지도 모릅니다.
"사울왕이여, 당신은 나를 오해했소. 내가 악기나 타는 딴따라인줄
아시오? 오해하지 마시오. 나는 이 나라의 왕이 될 사람이오. 주께
서 내게 기름 부으셨소."
그러나 다윗은 그렇게 말하지 않았읍니다. 그는 그 시점에서 자기
가 부름받은 그 일만을 충실히 행합니다. 그때 그가 부름을 받은
일이 무엇입니까? 악기타는 일입니다. 그는 그 일에 성실했읍니
다. 그리고 때를 기다립니다.
"그러므로 하나님의 능하신 손 아래서 겸손하라 때가 되면 너희를
높이시리라"(벧전 5 : 6).
이 말씀은 얼마나 진리입니까? 다윗은 궁중 안에 불리움을 받고
나서 그가 취한 행동을 통해서 과연 하나님 앞에 쓰임을 받을 만한
인격적 자질을 나타내었읍니다.
"오! 이 하나님의 마음에 합한 사람 다윗이여."

　오늘 주님은 다윗 같은 사람을 우리들 가운데서도 찾으십니다.
권위에 복종할 줄 아는 사람, 복종이 더욱 귀한 미덕임을 알고 하
나님의 세우신 권위 앞에 순복할 줄 아는 거룩한 가르침을 배운 사
람을 하나님은 찾으십니다. 그 대접을 받기보다, 남들 위에 군림

하기보다 섬기는 일에 있어서 신앙의 귀한 진리를 찾기를 원하는 섬김의 자질을 갖춘 하나님의 사람을 주님께서는 찾으십니다. 때를 기다리며 꾸준히 참고 인내할 줄 아는 하나님의 사람을 주님은 찾으십니다.

그러나 다윗을 향한 하나님의 시험은 이것으로 끝나지 않았읍니다.

2. 들판에서의 시험

이번에는 하나님께서 다윗을 들판으로 데리고 나가십니다. 그리고 전쟁터에서 다윗을 시험하십니다. 군인은 실내에서만 기술을 익히는 것이 아니라 야전의 들에서, 전쟁의 싸움터에서도 쓰임을 받기 위해 훈련을 받을 필요가 있읍니다. 그래서 다윗이 두번째 훈련을 받읍니다. 이 전쟁터에서 주어진 이 테스트 앞에 다윗은 어떻게 시험을 통과합니까? 17장에는 무슨 이야기가 기록되어 있읍니까? 우리가 잘 아는 사건입니다. 그것은 다윗과 거인 골리앗의 싸움입니다. 엘라 골짜기라는 곳에서 아홉자 여섯인치의 거인 골리앗과 보잘것 없는 한 목동 소년 다윗의 싸움이 시작됩니다. 어떻게 해서 이 어린 목동이 거인 골리앗을 상대로 위대한 승리를 거둘 수가 있었읍니까?

우리가 17장을 공부하면서 절대로 이런 일에 관심을 갖지 맙시다. 그것은 물맷돌에 대한 관심입니다. 다윗이 물맷돌 몇 개를 가지고 골리앗을 무너뜨렸읍니까? 물맷돌 다섯 개지요.

그래서 어떤 사람은 성경을 읽을 때에 다윗의 물맷돌 다섯 개는 무엇을 상징하는가 하는 데에 관심을 갖습니다. 저는 이 다윗의 물맷돌 다섯 개의 5라는 숫자를 가지고 한 시간을 설교하는 분을 보았읍니다. 사람들은 그 설교를 들으면서 "야! 저분이 성경을 기차게 쪼갠다"라고 말합니다. 그러나 그것은 문자 그대로 성경을 쪼개버리는 것입니다. 한국 교회가 시급하게 벗어나야 할 성경 해석의 오류 가운데 하나는 소위 우화적인 해석 방법입니다. 필요없는 의미를 부여합니다. 이 물맷돌 다섯 개, 그가 다섯 개를 가지고 싶어 다섯 개를 가진 것뿐이지, 이 다섯에 무슨 의미가 있읍니까?

예수님이 갈릴리 가나의 혼인잔치에 참석했을 때 거기 항아리 여섯 개가 있었읍니다. 이것을 바라보며 이 항아리 여섯 개는 무엇을 상징하는가 라는 물음을 던지지 마십시오. 제발 그런 일에 관심을 갖지 마시기 바랍니다. "6이라는 숫자는 사람의 숫자이며, 물은 하나님의 말씀이다. 그래서 말씀인 물이 사람 속에 들어갔더니 그것이 포도주가 되었다. 그리고 구원의 위대한 기쁨이 되었다"는 이런 해석은 좋지 않습니다. 이것은 대단히 유해한 해석입니다. 성경의 가장 근원적인 의미를 파괴하는 것입니다.

물맷돌 다섯개에서 다윗이 골리앗을 이긴 이유를 찾으려 하지 마십시오. 대신 이 전쟁터의 주변을 돌아보면서 다윗이 어떻게 행동했으며, 그리고 이 사건을 중심으로 해서 다윗에게 하나님 앞에 쓰임받을 만한 어떤 자질이 있었는가에 더 커다란 관심을 가져 주십시오.

본문에서 우리는 절대로 간과할 수 없는 다윗의 몇 가지 **인격적 자질들을** 발견합니다.

첫째, 그는 자기 일에 성실했읍니다.

"다윗은 사울에게로 왕래하며 베들레헴에서 그 아비의 양을 칠 때에"(15절).

그가 전쟁터에 나오기는 했지만 단지 심부름을 위해서 나온 것입니다. 그에게는 아직 돌보아야 할 양떼가 있었읍니다. 다윗은 자기가 해야 할 일을 절대로 게을리 하지 않았읍니다. 다윗의 "일상 생활의 성실성"을 먼저 바라보십시오. 그는 전쟁터에 출전하면서도 자기가 해야 할 일을 절대로 게을리 하지 않았읍니다. 맡겨 주신 그 일에, 부름받은 그 일에 신실했던 하나님의 사람 다윗! 여기에서부터 하나님이 다윗을 쓰시고, 이 전쟁터에서 놀라운 승리를 가져왔던 기적의 사역이 시작됩니다.

예수님의 생애를 조용히 묵상해 보시기 바랍니다. 사실 예수님은 마지막 생애 최후의 3년이나 3년 반 동안만을 구세주로서의 공생애의 사역을 감당하셨읍니다. 그런데 그 이전에 30년 동안 어떤 일을 하셨는지 우리는 알 길이 없읍니다. 그러나 누가복음 2장 51절에 보면 "예수께서 한가지로 내려가사 나사렛에 이르러 순종하여 (그 부모를) 받드시더라"라고 말합니다. 하나님이 예수님을 무대 위에 올려놓으실 때까지 목공실에서 부모님을 도와서 자기가 해야 할 일에 성실했던 예수님의 모습을 우리는 짐작할 수 있읍니다.

다윗도 마찬가지입니다. 하나님이 그를 부르실 때까지, 하나님이 그를 무대 위에 세우실 때까지 여전히 하나님이 맡겨 주신 일상생활에 성실했던 하나님의 사람 다윗의 모습을 놓치지 마십시오.

시편 기자는 시편 78편 70절에서 이렇게 말합니다.
"또 그 종 다윗을 택하시되 양의 우리에서 취하시며."
하나님의 종 다윗을 하나님이 어디에서 취하십니까? 양의 우리입니다. 당신이 성경을 읽다가 예수님이 부르신 사람들, 하나님이 사용하신 사람들 가운데서 아무것도 안 하고 놀고 있는데 하나님이 부르신 경우들을 본 일이 있읍니까? 아무것도 안 하고 빈둥거리고 있는데 하나님이 불러서 쓰신 경우를 볼 수 있읍니까?

고기잡고 있던 어부, 바다에서 열심히 그물을 던져 고기를 잡고 있던 사람들에게 주님께서 다가가시며 그를 향해 말씀하십니다.
"나를 따라 오너라."

세관에서 세금을 거두며 자기 직분에 충성하고 있는 사람 마태를 향해서 주께서 말씀하십니다.
"나를 쫓으라."

한 가지 일에 성실한 것을 보면 하나님의 일에도 성실할 수 있다는 사실을 우리는 압니다. 왜 양무리를 치는 일에 열중하고 있던 다윗을 하나님이 택하십니까? 그 일에 성실할 수 있었던 다윗이 하나님의 일에도 성실할 수 있다는 사실을 아셨기 때문입니다.

주님 앞에 쓰임받기를 원하십니까? 그렇다면 지금 소위 일상적이고 세속적인 당신의 삶의 자리에서 먼저 성실하시기 바랍니다.

둘째, 그는 온유한 사람이었읍니다.

본문 28절 이하의 말씀을 보겠읍니다.

"장형 엘리압이 다윗의 사람들에게 하는 말을 들은지라 그가 다윗에게 노를 발하여 가로되 네가 어찌하여 이리로 내려왔느냐 들에 있는 몇 양을 뉘게 맡겼느냐 나는 네 교만과 네 마음의 완악함을 아노니 네가 전쟁을 구경하러 왔도다 다윗이 가로되 내가 무엇을 하였나이까 어찌 이유가 없으리이까 하고 돌이켜 다른 사람을 향하여 전과 같이 말하매 백성이 전과 같이 대답하니라"(28~30절).

형님이 시비를 걸었읍니다.

"다윗이여 네가 뭐하러 전쟁터에 나타났느냐. 네가 뭐나 된 줄 알고서 괜히 교만하게 너를 내세우고 싶어서 나타났지?"

『형님, 사람을 잘못 보셨읍니다. 이 몸은 기름부음을 받은 몸입니다』라고 대답할 수도 있었던 상황에서 다윗은 어떻게 응답합니까? 자기 형을 향해서 얼마나 지혜롭게 이야기하고 있읍니까? 결코 노하지 않았던 다윗, 그의 생애를 통해서 우리가 볼 수 있는 사실은 다윗이 노하지 않았다는 것입니다. 우리는 나중에 다윗이 임금이 된 후에도 이 온유함의 자질을 다시 발견하게 될 것입니다. 그는 언제나 온유한 사람이었읍니다. 하나님은 온유한 사람을 쓰십니다.

디모데후서 2장 24절에 보면 "마땅히 주의 종은 다투지 아니하고…온유하며"라고 기록되어 있읍니다. 하나님이 쓰시는 사람에게서 하나님이 언제나 요구하시는 인격적인 특질 가운데 하나는 이 온유함입니다.

온유하다는 것은 어떤 것입니까? 자기 의견은 말하지도 못하고 언제나 고개를 숙이고 "예 맞습니다"라고 말하는 사람이 온유한 사람입니까?

당신은 모세가 온유한 사람이라고 생각하십니까? 온유하지 않은 사람이라고 생각하십니까? 성경은 모세에 관해서 어떻게 말했읍니까? "지면에 모든 사람보다 온유함에 뛰어나다"라고 증언합니다. 그러나 모세는 기질상 어떤 사람이었읍니까? 그는 기질이 있는 사람이었읍니다. 자기의 동족들을 괴롭히는 것을 보았을 때 돌을 들어 애굽인을 쳐 죽일 만큼 의협심이 있는 사람이었읍니다. 그럼에도 불구하고 성경은 모세가 "온유했다"라고 말합니다.

팔복 가운데서 어떤 사람을 가리켜 온유한 사람이라고 말합니까? "온유한 자는 복이 있나니 저희가 땅을 기업으로 받을 것이며"라고 말씀합니다. 여기에서 온유하다는 것은 어떤 의미입니까? 희랍어에서 이 온유하다는 단어는 본래 희랍 사람들이 사나운 짐승들을 데려다가 길들일 때 사용하던 단어입니다. 묻습니다. 성질이나 기질을 다스릴 줄 모르고 폭발하기를 좋아하는 사람들에게 당신은 당신의 가장 중요한 과업이나 과제를 맡기시겠읍니까? 안 맡기죠. 마찬가지입니다. 주님은 자신을 자제할 줄 아는 온유한 사람을 찾으십니다.

"온유한 자는 복이 있나니 저희가 땅을 기업으로 받을 것이요." 하나님은 온유한 사람들에게 일을 맡기기를 원하십니다. 그들이 실수없이 하나님의 거룩한 일에 관한 청지기적 수행을 할 수 있으리라는 사실을 아시기 때문에 하나님은 그런 사람을 찾으십니다.

세째, 그는 약한 것을 보호할 줄 알았읍니다.

성경에서 다윗의 또 다른 인격적 특징을 발견합니다.

"다윗이 사울에게 고하되 주의 종이 아비의 양을 지킬 때에 사자나 곰이 와서 양떼에서 새끼를 움키면 내가 따라가서 그것을 치고 그 입에서 새끼를 건져내었고 그것이 일어나 나를 해하고자 하면 내가 그 수염을 잡고 그것을 쳐 죽였었나이다"(34, 35절).

여기에서 다윗이 왜 분노합니까? 곰이 와서 양떼에서 새끼를 움켰었기 때문입니다. 여기에서 우리는 약자를 보호하려는 다윗의 뜨거운 애정을 볼 수 있습니다. 곰이 연약한 양떼 가운데서 새끼를 훔쳐 가려고 할 때 새끼를 보호하기 위해서 그는 자기 몸을 던져 곰과 싸웠읍니다.

하나님께서는 약한 것을 보호하고, 약자에 대해 애정을 갖는 사람들을 쓰기 원하십니다. 이 세상에 강한 사람보다는 어차피 약한 사람들이 더 많기 때문입니다. 기독교의 중요한 물음 가운데 하나는 기독교가 약한 사람들의 편에 설 수 있는가 라는 물음입니다. 교회가 약자의 편에 설 수가 있는가?

우리는 베르자예프라는 유명한 철학자의 경고를 기억할 필요가 있읍니다.

"만약 기독교가 약한 민중의 편에 서지 않는다면 민중은 기독교를 소외해 버리고 말 것이다."

우리는 우리 주변에 헐벗은 사람, 가난한 사람, 연약한 사람, 눌려 있는 사람들에 관해서 얼마 만큼 관심을 가지고 그들에게 접근하고 있읍니까?

성경을 보십시오. 하나님이 특별히 관심을 갖고 사랑하시는 두 종류의 사람들이 있읍니다. 당신이 그 부분을 찾으면 깜짝 놀랄 수밖에 없을 것입니다. 한 사람은 과부이고 또 한 사람은 고아입니다. 당신은 성경에서 과부와 고아에 대한 애정을 보셨읍니까? 얼마나 많은 성경 구절에서 고아와 과부에 대한 하나님의 사랑이 나타납니까? 인간적으로 가장 연약하고 가장 외로움을 당하는 사람들을 찾는다면 아마 고아들과 홀로 되신 분들일 것입니다. 그들을 향해서 우리가 얼마 만큼 관심을 갖고 있읍니까? 어린 목동 다윗에게서 하나님은 이 자질을 발견했읍니다. 약한 사람의 편에 서고자 하는 의협심을 발견했다는 것입니다. 하나님은 이런 사람을 찾으십니다.

네째, 그는 하나님의 영광을 지키려는 의협심이 있었읍니다.
36절의 말씀을 보십시오.
"주의 종이 사자와 곰도 쳤은즉 사시는 하나님의 군대를 모욕한 이 할례 없는 블레셋 사람이리이까 그가 그 짐승의 하나와 같이 되리이다."
다윗이 왜 여기서 분노했읍니까? 골리앗이 하나님의 이름을 더럽히고 있었기 때문입니다. 다시 말하면 여기에서 다윗의 분노는 하나님의 거룩한 영광을 지키려는 의협심이었읍니다.
당신은 오늘 마음 깊은 곳에 하나님의 영광을, 하나님의 거룩한 명예를 지키려는 거룩한 의협심이 얼마나 움직이고 있읍니까? 이 훌륭한 인격적인 자질을 놓쳐서는 안 됩니다. 마땅히 내가 하나님의 백성이라면, 하나님의 이름과 하나님의 영광을 소유하려는 결의가 있어야 합니다.
"하나님의 군대를 모욕하고 있는 이 할례받지 못한 블레셋 사람을 내가 어떻게 방관할 수 있는가?"
그래서 그는 하나님의 영광을 위해서 일어서기로 결심했읍니다. 하나님은 이런 다윗을 좋게 보신 것입니다.
"저희가 먹든지 마시든지 무엇을 하든지 하나님의 영광을 위해서 하라"고 성경은 교훈합니다. 얼마 만큼 하나님께 영광을 돌리기 위해서 일하고 움직이며 살고 있는지요?

다섯째, 그는 하나님의 능력을 신뢰했읍니다.
본문 45절의 말씀에서 하나님이 다윗을 쓰실 수밖에 없었던 또 하나의 이유를 보겠읍니다.

"다윗이 블레셋 사람에게 이르되 너는 칼과 창과 단창으로 내게 오
거니와 나는 만군의 여호와의 이름 곧 네가 모욕하는 이스라엘 군
대의 하나님의 이름으로 네게 가노라."
여기서 무엇을 볼 수 있읍니까? 본문에서 다윗은 누구를 의지하
고 있읍니까? 그는 하나님을 의지하고 있읍니다. 그는 골리앗의
갑옷이 두렵지 않았읍니다. 골리앗의 외형적인 군대가 그리고 골
리앗의 외형적인 투구의 갑옷이 아무리 거창하고 아무리 놀라운
것이라 할지라도 그는 살아계시고 거룩하신 하나님의 능력을 신뢰
하였읍니다.

   오늘 우리는 얼마 만큼 하나님을 신뢰하고 있읍니까? 우리는
날마다의 생활에서 우리가 행하는 모든 일에 있어서 얼마나 전심
으로 하나님을 신뢰합니까? 우리는 다윗에게서 하나님을 향한 믿
음을 바라볼 수 있읍니다. 그렇습니다. 다윗이 기록한 수많은 시
편을 통해서 다윗이 제일 많이 부르짖고 있는 외침이 무엇입니
까? "야훼를 신뢰하라"입니다. 무서운 전쟁터에서 그는 하나님을
신뢰합니다. 그리고 그는 겁없이 골리앗을 향해서 대들고 있읍니
다. 이 행동은 다윗의 마음 속에 있는 하나님을 향한 믿음 때문이
었읍니다. 다윗이 승리한 것은 다윗의 승리가 아니라 다윗의 마음
속에 역사하고 계신 하나님을 향한 그 믿음의 승리임을 믿으십니
까?
"세상을 이긴 이김은 이것이니 곧 우리의 믿음이니라."
이것은 위대한 믿음의 승리입니다.

   여섯째, 그는 최선을 다했읍니다.
하나님을 향한 다윗의 신뢰를 추적하면서 한 가지 잊지 말아야 할
사실을 더 지적하고 싶습니다. 그는 하나님을 신뢰하면서도 그가
마땅히 해야 할 최선을 다했다는 것입니다. 왜 물맷돌 다섯 개를
취했읍니까? 다섯 개라는 돌에 대한 상징적 해석을 하려고 하는

것이 아닙니다. 평범하게 생각하십시오. 진리는 언제나 평범한 곳에 있습니다. 왜 물맷돌 다섯 개를 취했읍니까? 하나가 안 맞으면 다른 것을 써야 합니다. 그는 최선을 다해서 준비합니다. 이 물맷돌은 당시의 보편적인 무기 가운데 하나였읍니다. 그래서 많은 사람들이 물맷돌을 돌리는 연습을 해서 이것을 무기로 사용하는 훈련을 했읍니다. 성경에서 증거를 제시하겠읍니다.

사사기 20장 16절을 보겠읍니다.

"이 모든 백성 중에서 택한 칠백 명은 다 왼손잡이라 물매로 돌을 던지면 호리도 틀림이 없는 자더라."

여기에 희한한 군대가 하나 있읍니다. 그 군대는 다 왼손잡이로 구성되어 있읍니다. 700명이 다 왼손잡이였읍니다. 그리고 그들이 다 물매로 돌을 던지는 기술이 있었던 자들입니다. 고대 중동지방에서 이 물맷돌을 던지는 것은 훌륭한 무술 중에 하나였읍니다. 다윗도 그렇게 연습을 했을 것입니다. 그리고 그는 충분한 물맷돌을 준비하고 골리앗을 향해서 나갑니다.

다윗이 이렇게 말할 수도 있었읍니다.

"내가 하나님을 믿기 때문에 하나님을 의지하기 때문에 나가서 맨손으로 골리앗과 겨루어서 승리할 수가 있다."

그러나 다윗은 그렇게 말하지 않았읍니다. 신앙좋은 사람이 빠지기 쉬운 함정 가운데 하나는 하나님을 신뢰한다는 구실 속에서 자신은 아무것도 하지 않는다는 것입니다. 그러나 그것은 신앙이 아닙니다. 진정한 신앙은 하나님을 신뢰하기 때문에 아무것도 안 하는 것이 아니라 하나님을 신뢰하기 때문에, 주님을 신뢰하고 내가 할 수 있는 최선을 다 하는 것입니다. 이 사실을 믿으십니까?

그는 전능하신 하나님이 자신과 함께 한다는 것을 믿었읍니다. 우주를 창조하신 하나님이, 말씀으로 만물을 붙들고 섭리하시는 그 하나님이 자기와 함께 하는 것을 알았고 믿었읍니다. 그러나 그럼에도 불구하고 그는 자기가 할 수 있는 최선의 준비를 다 갖추었읍니다. 그가 물맷돌 다섯 개를 준비했다는 것은 다시 말해서 모든 준비를 완료하고 골리앗을 향해서 나아갔다는 것입니다.

5
다윗의 위기

다윗이 전능하신 하나님을 의지하고 신뢰하는 믿음을 통해서 거인 골리앗과 싸워 이긴 놀라운 승리는 사실상 다윗의 생애에서 새로운 위기의 시작이었읍니다. 그의 승리는, 그의 인기는 새로운 위기를 동반하고 말았읍니다.

성경에 나타난 사람들의 생애를 연구하다 보면 한 가지 놀라운 사실을 발견하게 됩니다. 그들의 생애가 가장 축복스러운 절정에 도달했을 때, 가장 영광스러운 하나님의 축복을 경험했을 때, 인생에 있어서 놀라운 성공을 거두었을 때, 곧잘 그것은 그들에게는 새로운 위기와 새로운 패배의 시작이었음을 종종 볼 수 있읍니다.

이스라엘 백성들이 가나안 땅에 들어간 후에 여리고 성의 싸움에서 승리하고 그들은 얼마나 기고만장했읍니까? 그러나 곧 이어 아이성이라는 작은 성의 싸움에서 걷잡을 수 없이 무너져 쓰러지고 마는 이스라엘 백성들의 모습을 볼 수 있읍니다. 무릇 섰다 하는 자는 넘어질까 조심하라는 말씀은 그래서 진리입니다.

1. 사울의 질투

다윗이 골리앗과의 싸움에서 참 놀라운 승리를 거두었지만, 그러나 이 승리는 그를 새로운 위기 속으로 몰아넣고 다시 한번 시련을 받게 한 승리라는 사실을 이제 우리는 본문 18장의 말씀을 통해서 확인하게 됩니다. 본문에서 다윗이 만나는 적은 사실상 골리앗보다 더 무서운 적입니다. 골리앗은 나타난 적, 분명한 적이었지만 18장에 나오는 새로운 적은 숨어 있는 적, 친구를 가장하고 다가오는 적이었기 때문입니다. 그것이 바로 다윗과 사울왕과의 싸움의 시작입니다. 이러므로 여기에서부터 다윗의 생애는 길고 무더운 여름철의 입구를 들어서게 됩니다.

  본문 1절 이하의 말씀을 보십시오.
"다윗이 사울에게 말하기를 마치매 요나단의 마음이 다윗의 마음과 연락되어 요나단이 그를 자기 생명같이 사랑하니라 그 날에 사울은 다윗을 머무르게 하고 그 아비의 집으로 다시 돌아가기를 허락지 아니하였고"(1,2절).
이렇게 해서 골리앗을 죽인 후에 다윗은 궁중에서 왕과 함께 거할 수 있는 특권을 얻게 됩니다. 그러나 여기에서부터 문제는 시작됩니다.
"요나단이 자기의 입었던 겉옷을 벗어 다윗에게 주었고"(4절).
이것은 최대의 우정의 표시입니다. 왕자가 자기의 의복을 벗어 그가 사랑하기 시작한 다윗에게 우정의 징표로서 선물하고 있는 장면을 봅니다.
  계속되는 말씀을 보겠읍니다.
"다윗이 사울의 보내는 곳마다 가서 지혜롭게 행하매 사울이 그로 군대의 장을 삼았더니 온 백성이 합당히 여겼고 사울의 신하들도 합당히 여겼더라 무리가 돌아올 때 곧 다윗이 블레셋 사람을 죽이고 돌아올 때에 여인들이 이스라엘 모든 성에서 나와서 노래하며

춤추며 소고와 경쇠를 가지고 왕 사울을 환영하는데 여인들이 뛰
놀며 창화하여 가로되 사울의 죽인 자는 천천이요 다윗은 만만이
로다 한지라"(5~7절).
이 말씀은 다윗의 생애 중 절정을 소개하는 말씀입니다. 그가 참으
로 큰 인기를 누립니다. 그러나 이때부터 문제는 시작됩니다. 사
실상 문제가 누구 때문에 시작됩니까? 여자들의 잘못 부른 노래
때문에 시작됩니다. 종종 문제는 여자들과 더불어 시작됩니다. 그
러므로 여성들이 입술을 잘 사용하는 일이 얼마나 중요합니까?

　다윗이 위대한 승리를 거둔 것까지는 참 좋았읍니다만 문제는
이제부터 시작됩니다.
"사울의 죽인 자는 천천이요 다윗은 만만이로다."
물론 이 여인들은 스스럼없이 다윗을 그렇게 찬양하고 높이기를
원했을 것입니다. 그리고 그것은 지당한 칭송이었읍니다. 하지만
여인들의 찬양은 너무나 생각이 없었던 찬양이었읍니다. 이 찬양
이 끝나자마자 사울은 어떻게 반응합니까?
　8절을 보겠읍니다.
"사울이 이 말에 불쾌하여 심히 노하여 가로되 다윗에게는 만만을
돌리고 내게는 천천만 돌리니 그의 더 얻을 것이 나라밖에 무엇이
냐 하고."
"다윗이 이런 칭송을 받으니 그 다음에 다윗이 노리는 목표는 내
왕의 자리밖에는 무엇이 있겠느냐"라는 이야기입니다. 이래서 다
윗과 사울의 길고긴 격돌과 싸움과 갈등의 역사가 시작됩니다. 여
자들이 칭찬할 때 그런 이유로 주의해서 해야 합니다.

　제가 한국에 있었을 때 우리 교회 여전도회원들에게 늘 이런 부
탁을 했읍니다.
"집에 가시면 제발 남편 앞에서 목사 칭찬을 하지 마시기 바랍니
다."

물론 칭찬받을 일도 없읍니다. 그러나 때때로 여전도회 회원들이
생각없이 집에 돌아가서 특히 남편이 믿지 않는 분이거나 신앙이
별로 없는 분일 경우에 목사를 칭찬하고 나면 그 다음에 남편들의
반응은 뻔한 것입니다. 어떤 반응을 보이리라고 생각하십니까?
"너 가서 목사하고 살아라."
그런 반응입니다. 그래서 제가 늘 이런 부탁을 곁들입니다.
"집에 가시면 제 칭찬 하시지 말고 남편들 칭찬을 하시기 바랍니
다."
    여기 비슷한 상황이 본문에서 전개되고 있읍니다.
"사울이 죽인 자는 천천이요 다윗은 만만이로다 사울이 이 말에 불
쾌하여."
이 생각을 깊이 하지 않고 토해 놓은 말 때문에 다윗의 불행한 갈
등은 시작됩니다.
    이러면서 이제 사울은 다윗을 향해서 질투의 칼을 갈기 시작합
니다.
    10절 이하의 말씀을 보십시오.
"그 이튿날 하나님의 부리신 악신이 사울에게 힘있게 내리매 그가
집 가운데서 야료하는고로 다윗이 평일과 같이 손으로 수금을 타
는데 때에 사울의 손에 창이 있는지라 그가 스스로 이르기를 내가
다윗을 벽에 박으리라 하고 그 창을 던졌으나 다윗이 그 앞에 두
번 피하였더라"(10, 11절).
사울은 갑자기 광기를 부리면서 다윗의 목숨을 노리기 시작합니
다.
    그러나 여기에서 우리가 그대로 지나칠 수 없는 것이 있읍니다.
이 사울의 질투, 광기, 이성을 잃어버린 행동의 배후에는 누가 역
사하고 있읍니까?
"악신이 힘있게 내리매."
보이지 않는 악신들의 역사가 그 배후에서 사울의 행동과 인격을
조정하고 있었다는 사실을 이 말씀에서 확인하게 됩니다. 우리는

때때로 가까왔던 사람들이 어느 날 갑자기 변신하는 모습들을 봅니다. 이성을 잃어버리고, 논리를 잃어버리고, 아주 극성스럽게 날뛰면서 광기를 부릴 때의 눈동자를 지켜보십시오. 그 생각의 배후에, 의식의 배후에는 분명히 이 악령들이 역사하고 있는 사실을 성경을 믿는 모든 그리스도인들은 알 수가 있습니다. 사울의 배후에서 악령이 날뛰고 역사하면서부터 사울의 질투는 점점 더 그 도가 높아 갑니다.

한편 다윗은 어떤 모습으로 부각되고 있습니까? 이 사울의 모습과 다윗의 모습은 놀랍고도 날카로운 대조를 형성하면서 드러나고 있음을 본문을 통해서 확인하게 됩니다.

13절 이하에 기록된 다윗의 모습을 보십시오.
"그러므로 사울이 그로 자기를 떠나게 하고 천부장을 삼으매 그가 백성 앞에 출입하며 그 모든 일을 지혜롭게 행하니라 여호와께서 그와 함께 계시니라"(13, 14절).
10절에서 사울은 어떤 모습으로 나타났읍니까? 10절에 "그가 집 가운데서 야료하는고로"라는 말은 날뛴다는 이야기입니다. 광기를 부리면서 날뜁니다. 그러나 14절에 나타난 다윗의 모습은 모든 일을 지혜롭고 정확하게 처리하며, 주께 영광을 돌리며 하나님의 자녀로서 놀라운 일을 행하고 있읍니다. 그런데 다윗이 이렇게 지혜롭게 행할 수 있었던 원인은 무엇입니까? 그 이유를 하나님이 그와 함께 계시기 때문이라고 14절은 말씀합니다. 사울의 배후에서 역사하고 있는 악신, 그리고 다윗의 배후에서 역사하고 계시는 우리 하나님, 이것은 얼마나 날카로운 대조를 형성하면서 등장하고 있읍니까?

여기에서 우리는 사울의 질투를 잠시 생각해 보겠읍니다. 사울의 질투는 세 가지 감정들을 동반하고 있었다는 사실을 볼 수 있읍니다. 누군가 사단의 지배를 받으며, 악령의 지배를 받으며 이성

을 잃어 버리는 행동을 시작했을 때 흔히 질투의 감정은 이 세 가
지를 반드시 동반하게 됩니다.

8절을 보십시오.

"사울이 이 말에 불쾌하여 심히 노하여 가로되."

이 불쾌한 감정, 그리고 "심히 노하여"라는 말씀에서 발견할 수 있
는 분노의 감정을 보십시오. 사울이 다윗을 질투하자마자 분노가
그의 마음 속에서 끓어 오르기 시작했읍니다. 당신이 누군가를
질투해 보십시오. 누군가를 향해서 시기의 마음을 품기 시작해 보
시기 바랍니다. 곧장 당신의 마음 속에는 이 분노의 감정이 응집
되는 사실을 발견하게 될 것입니다.

이어지는 9절의 말씀을 보십시오.

"그 날 후로 사울이 다윗을 주목하였더라."

왜 주목해야 합니까? 8절의 마지막 부분에는 사울이 이제 "다윗
이 더 얻을 것이 나라밖에 무엇이 있겠느냐"고 말합니다. 그런 후
로 사울은 언제나 다윗의 일거수 일투족을 주목하기 시작합니다.
이것은 다시 말해서 "의심"입니다. 그는 다윗의 모든 행동을 의심
하기 시작했읍니다. 질투의 감정에 사로잡힌 사울은 이제 정확하
게 사리를 분별할 수 있는 지혜를 상실했읍니다. 모든 것이 의심스
럽습니다. 다윗이 취하는 행동 하나하나가 다 왕위를 쟁탈하기 위
해서 취하는 행동처럼 여겨지기 시작했읍니다. 당신이 누군가를
질투해 보십시오. 남편을 질투하는 그 순간부터, 남편의 모든 행
동거지가 의심스럽게 느껴지기 시작할 것입니다. 그렇지 않습니
까?

이제 12절의 말씀을 보십시오.

"여호와께서 사울을 떠나 다윗과 함께 계시므로 사울이 그를 두려
워한지라."

두려움입니다. 분노와 의심과 두려움, 그리고 비논리적인 행동,

이것이 사울이 한 사람 다윗을 질투하기 시작하자마자 그의 인격
이 무너지기 시작하면서 마음 속에 깃들기 시작한 응집된 감정들
의 유형입니다. 얼마나 자주 우리가 하나님 앞에 순종하기를 거부
하면서 내 의식과 생각의 배후에서 역사하는 귀신들의 역사에 사
로잡히자마자 질투와 함께 분노하고, 의심하고, 두려워하고 그리
고 논리를 잃어버리는 행동 속에 뛰어드는지요?

사울도 마찬가지입니다. 이러므로 다윗의 박해받는 생애는 시작
됩니다.

그러나 한편으로 이 사실을 긍정적으로 생각하면 다윗의 고난은
그가 하나님 앞에 선택함을 받았기 때문에 쓰임받기 위한 훈련의
장으로도 이해될 수 있습니다. 선택은 언제나 고난을 수반합니다.
하나님의 뜻 가운데 있으면 모든 것이 만사형통합니까? 우리는
이런 질문을 다시 한번 물어야 합니다. 그동안 한국 교회가 많은
경우에 예수를 믿으면, 신앙을 가지면 모든 것이 잘 될 것이라는
설교를 해 왔습니다. 그러나 성경은 이 사실을 지지하지 않습니
다. 그리고 우리의 경험도 이 사실을 진실로 입증하지 않습니다.
우리가 하나님의 뜻 가운데 있음에도 불구하고, 주님의 선택을 받
았음에도 불구하고, 하나님의 손 안에 있음에도 불구하고 여전히
고난 속에 있을 수가 있습니다. 그러나 하나님은 그 고난을 통해서
하나님의 뜻을 반드시 이루십니다.

다윗의 생애도 예외는 아니었읍니다. 그는 주님에 의해서 선택
함을 받았읍니다. 그는 쓰임을 받기 위한 놀라운 재목으로 하나님
의 손에 붙들림을 받았읍니다. 그러나 이제 그가 무대 위에서 하나
님 앞에 쓰임을 받기에 합당한 재목으로 훈련되기 위해서 그의 삶
은 고난의 장을 필요로 하고 있었다는 사실을 본문에서 볼 수 있읍
니다. 주님은 우리를 쓰시기 전에 언제나 먼저 훈련시키십니다.
사실 다윗의 생애를 계속 추적하면 그가 왕으로 선택함을 받고 기

름부음을 받은 후에 왕위에 오르기까지는 8년이라는 시간이 필요
했읍니다. 우리가 처음 다윗의 생애를 공부하면서 그가 몇 번 기름
부음을 받았다고 배웠읍니까? 세 번이지요. 그가 맨 처음 기름부
음을 받았을 때, 그가 처음 하나님 앞에 왕으로 지목되었을 때 사
무엘 선지자를 통해서 왕이라는 하나님의 놀라운 선포를 들었지만
그러나 여전히 8년을 기다려야만 했읍니다. 우리 가운데 얼마나
많은 사람들이 주님에 의해서 붙들림을 받았지만 기다리지 못하는
삶을 살아가는지요? 그러나 다윗은 용케도 견디어 냈읍니다. 그
가 인내의 기간을 훈련으로써 잘 감수하고 있는 모습을 볼 수 있읍
니다.

2. 사울의 박해

이제 우리는 본문인 18장에서 다윗의 생애 가운데 일어난 세 가지
커다란 박해를 볼 수 있읍니다.

첫번째 박해는 10절과 11절에 기록되어 있읍니다. 여기에서 사
울은 창을 두 번이나 던져서 다윗을 죽이려고 도모했읍니다. 물론
이런 기도가 성공할 수는 없었읍니다.

두번째 박해는 17절에 기록되어 있읍니다.
"사울이 다윗에게 이르되 내 맏딸 메랍을 네게 아내로 주리니 오직
너는 나를 위하여 용맹을 내어 여호와의 싸움을 싸우라 하니 이는
그가 생각하기를 내 손을 그에게 대지 말고 블레셋 사람의 손으로
그에게 대게 하리라 함이라."
이번에는 미인계 작전을 씁니다. 그러나 그는 정말 자기 딸을 주고
싶어서가 아니라 자기를 위해서 전쟁에 나가서 싸움을 싸우면 맏
딸을 주겠다는 것입니다. 그러나 블레셋 사람의 손에 그가 죽게 되
기를 바라는 이유에서입니다. 이것은 다윗을 함정에 몰아넣기 위

한 것입니다.

그런데 이때 다윗이 어떻게 이 함정을 피할 수 있었읍니까?
"다윗이 사울에게 이르되 내가 누구며 이스라엘 중에 내 친속이나
내 아비의 집이 무엇이관대 내가 왕의 사위가 되리이까 하였더니"
(18절).
이때 만약 다윗이 허영에 날뛰는 사람이라면 자기가 왕의 사위가
될 수 있는 절호의 기회, 그리고 박해를 받지 않고 자연스럽게 왕
이 될 수 있는 얼마나 좋은 길인가 라고 생각할 수도 있었을 것입
니다. 안 그렇습니까? 그러나 다윗은 주제파악을 잘 하고 있었읍
니다. 다윗은 자기 자신을 아주 잘 알고 있었읍니다. 얼마나 잘 알
고 있었는지 모릅니다. 그가 사울왕에게 응답하는 장면을 보십시
오.
"내가 누구며 이스라엘 중에 내 친속이나 내 아비의 집이 무엇이관
대 내가 감히 왕의 사위가 될 수가 있읍니까?"
이러므로 사울의 도모가 실패로 돌아갑니다. 이때 만일 다윗이 주
책없이 "예, 나를 좀 써주십시오"라고 말하고 왕의 사위가 되기 위
해서 전쟁에 가는 길을 선택했더라면 그는 인생의 커다란 위기를
맞이하게 되었을 것입니다.

세번째 박해는 22절 이하에 기록되어 있읍니다. 사울은 여전히
물러나지 않습니다. 그는 세번째의 함정을 다시 시도합니다.
"사울이 가로되 너희는 다윗에게 이같이 말하기를 왕이 아무 폐백
도 원치 아니하고 다만 왕의 원수의 보복으로 블레셋 사람의 양피
일백을 원하신다 하라 하였으니 이는 사울의 생각에 다윗을 블레
셋 사람의 손에 죽게 하리라 함이라 사울의 신하들이 이 말로 다윗
에게 고하매 다윗이 왕의 사위되는 것을 좋게 여기므로 만기가 되
지 못하여서 다윗이 일어나서 그 종자와 함께 가서 블레셋 사람 이
백 명을 죽이고 그 양피를 가져다가 수대로 왕께 드려 왕의 사위가
되고자 하니 사울이 그 딸 미갈을 다윗에게 아내로 주었더라"(25

~27절).

이렇게 해서 다윗이 계속 사냥할 수가 없기 때문에 나중에 그 청을 허락합니다. 그리고 전쟁에 나갑니다. 그러나 여전히 하나님께서 다윗과 함께 하심으로 말미암아 그는 이 전쟁에서 위험을 피할 수 있었고 마침내 왕의 사위가 될 수 있었읍니다. 다윗을 죽이려는 사울의 계교는 번번이 실패로 돌아갑니다.

3. 사울의 모습

여기서 사울의 모습을 가만히 생각해 보십시오. 사울은 하나님께서 이미 다윗과 함께 한다는 사실을 알았읍니다. 그도 그 사실을 시인하고 인정했읍니다. 또 하나님이 그에게 기름부으심을 알았읍니다. 그럼에도 불구하고 사울은 어떻게 생각합니까? 그는 다윗만 처치하면 자기의 왕위는 흔들림이 없을 것이라고 생각합니다. 명백하게 알려진 하나님의 뜻과 계획을 그가 알고 있었음에도 불구하고 인간적인 자기의 수작으로 하나님의 뜻을 바꿀 수 있다고 생각한 것은 얼마나 어리석은 착각입니까? 그 하나님의 주권을, 하나님의 계획을 바꿀 수 있다고 판단한 것에서 우리는 사울의 어리석음을 볼 수 있읍니다.

그러나 이러한 어리석음은 사울만이 갖는 어리석음이 아닙니다. 우리도 얼마나 자주 우리 자신의 인간적인 생각과 수단과 방법으로 하나님의 뜻을 바꿀 수 있다고 생각합니까? 내 간사한 인간의 수작이 그리고 사람의 꾀가 우리의 행동이 모든 문제를 해결할 수 있을 것이라고 생각하는 그런 어리석음을 오늘 당신과 저의 생활 속에서 얼마나 자주 범하고 있는지요?

여기서 우리는 사울의 오류를 볼 수 있읍니다. 그러나 이것은 인간 사울의 오류만은 아닙니다. 사울은 이미 악령의 지배를 받아 행동의 질서를 잃어버렸읍니다. 사실 사울이 하나님의 말씀을 순종하기를 거부하자마자 그는 그때부터 사단에게 지배를 받으며 위장을 한 가면배우처럼 날뛰고 있는 모습을 성경에서 보게 됩니다. 사울이 하나님의 명령을 불순종하기 시작하면서부터 그 이후의 그의 전 생애를 통해서 나타나는 그의 인격을 한마디로 표현한다면 그것은 "가면 배우"라고 할 수 있습니다. 그는 자기의 마음을 속이고 활동하기 시작합니다. 그런 행동이 제일 상징적으로 나타나고 있는 성경 구절 하나를 소개합니다. 사무엘상 28장 8절에 보면 사울이 좋아했던 일이 한 가지 있습니다.
"사울이 다른 옷을 입어 변장하고…"
사울은 일생 동안 변장한 배우처럼 활동합니다. 그는 자기의 마음 속 깊은 곳에 있는 진실을 무시해 버리고 마치 배우처럼 마스크를 쓰고 활동합니다. 그러나 이러한 사울의 모습과 하나님의 마음에 합한 다윗의 모습은 얼마나 대조적입니까? 자신을 속이고 마치 가면 배우처럼 마스크를 쓰고 인생을 살아가는 사울과 반면에 하나님과 함께 하며 진실하고 지혜롭게 삶의 길을 달려가던 이 다윗의 모습은 큰 대조를 보이고 있습니다.

4. 다윗의 모습

우리는 사울의 모습을 보면서 본문에 나타난 다윗의 세 가지 감동적인 모습을 살펴보겠습니다. 특별히 18절에 다윗에게서 크게 배워야 할 놀라운 교훈 세 가지가 등장합니다.

1) 지혜

"그 모든 일을 지혜롭게 행하니라"(14절).
이 말씀을 대하면서 다윗이 본래 똑똑하기 때문에 또는 총명하기 때문에 그렇게 지혜롭게 행할 수가 있었다고 생각해서는 안 됩니다. 왜냐하면 다윗이 지혜롭게 행할 수 있었던 이유가 이 말씀 바로 뒤에 설명되어 있기 때문입니다.

"여호와께서 그와 함께 하시니라."

성경을 읽어 보면 하나님 앞에 무엇을 구할 때 하나님이 언제나 인간에게 주기를 좋아하시는 한 가지가 있습니다. 그것이 무엇입니까? 마음대로 구하라고 하셨읍니다. 아주 넘치도록 풍성하게 주시겠다고 약속하신 것이 있읍니다. 그것은 야고보서 1장 5절에서 말씀하신 "지혜"입니다.

"너희 중에 누구든지 지혜가 부족하거든 모든 사람에게 후히 주시고 꾸짖지 아니하시는 하나님께 구하라 그리하면 주시리라."

하나님께서 제일 주시기를 기뻐하는 것은 지혜입니다. 성경에 나타난 한 사람을 기억하십니까? 하나님 앞에 이 지혜를 구했더니 주께서 크게 기뻐하시며 지혜를 주셨던 사람, 그는 솔로몬입니다. 아마 솔로몬도 그 아버지에게서 이 지혜를 배웠을지 모릅니다. 그리고 그 아버지의 지혜는 궁극적으로 하나님께로부터 온 것입니다. 그렇습니다. 우리의 생활 속에서 이 지혜는 얼마나 필요합니까?

성경에서 말하는 지혜와 지식은 다릅니다. 지식이란 단순히 우리가 어떤 교육을 통해서 마음 속에 축적된 하나의 정보를 말합니다. 그러나 지혜란 단순히 학교 교육을 통해 얻어지는 정보가 아닙니다. 그것은 삶에 있어서 판단을 의미합니다. 우리가 어떻게 삶을 살아야 할 것인가, 또 무엇이 하나님의 뜻인가, 어떻게 우리의 삶 속에서 진정한 의미를 찾을 것인가, 이러한 문제들은 교육만으로는 해결되지 못합니다. 이런 삶 속의 지혜를 하나님 앞에서 구하라고 성경이 우리에게 권하고 있읍니다.

다윗이 그의 삶 속에서 자기 자신을 보호하고, 타인에게 축복이 되며, 하나님의 뜻을 이루었던 이 놀라운 지혜는 하나님이 그와 함께 하셨기 때문이라는 사실을 잊지 마십시오.

2) 겸손

앞부분에서 다윗이 주제 파악을 잘 했다는 말씀을 드렸읍니다. 주
제 파악이 곧 그의 겸손인 것입니다.

　유명한 아시시의 성자 프랜시스에게 어느 날 한 제자가 이렇게
물었읍니다.

"선생님, 도대체 겸손이란 무엇입니까?"

이때 프렌시스는 겸손에 관해 참으로 아름다운 정의를 남겼읍니
다.

『겸손이란 하나님의 눈으로 자신을 보는 것이네.』

　제가 대학생들의 모임인 어느 수련회에서 예배를 인도하면서 질
문을 하나 던졌읍니다.

"하나님의 눈으로 자신을 보면 나는 어떤 사람이라고 생각하십니
까?"

대답을 한 사람 한 사람 합니다. 어떤 남학생의 차례가 되었는데
그의 대답을 듣고 모두가 웃었읍니다. 그러나 그 학생의 대답이 얼
마나 진리인지 모릅니다.

『하나님의 눈으로 보았을 때 나는 … 그야말로 죽일 놈이죠.』

　인간과 인간과의 상대적인 비교가 아니라 전능하신 하나님의 눈
을 통해서 보았을 때 나는 하나님 앞에서 어떤 사람인가 하는 사실
앞에서 아무도 겸허해지지 않을 수 없읍니다.

　다윗은 자기 자신을 잘 알았읍니다.

"내가 도대체 누구관대…"

이러한 겸손이 오히려 다윗을 보호했던 사실을 볼 수 있읍니다. 그
러면 이 말씀은 얼마나 진리입니까? "하나님이 교만한 자를 대적
하시고 겸손한 자에게 은혜를 주신다"는 이 말씀은 다윗의 생애 속
에서 얼마나 그대로 입증되었읍니까?

3) 하나님이 함께 계심

"여호와께서 다윗과 함께 계심을 사울이 보고 알았고"(28절).
하나님이 나와 함께 계신다는 말을 우리는 말로는 많이 합니다. 그
러나 하나님이 나와 함께 계신다는 그 사실을 우리는 얼마나 자주
망각합니까? 그리고 우리가 왜 범죄합니까? 우리는 때때로 아
무도 나를 보지 않는다고 생각합니다 그러나 나를 보시는 분이 계
십니다. 주께서 내 곁에 계신다면, 그분이 불꽃같은 안목으로 나
를 감찰하시고 통찰하신다면, 주의 백성들이 어떻게 범죄할 수 있
읍니까? 때때로 우리는 연약해집니다. 실망하기도 합니다 왜 실
망합니까? 참으로 주님께서 나와 함께 계신다면! 전능하신 그
주님, 말씀으로 만물을 창조하시고, 말씀으로 만물을 붙들고 섭리
하시는 그 하나님이 나와 같이 계시다는 사실을 믿는다면 우리가
왜 연약해집니까?

시편 기자는 "내가 비록 사망의 음침한 골짜기를 지날지라도 해
받음을 두려워하지 않음은 주께서 나와 함께 계심이라"고 증언합
니다. 이 시는 바로 다윗이 지은 시입니다. 그렇습니다. 다윗은 어
려서부터 하나님과 함께 하는 삶을 배웠읍니다 주님과 함께 하는
삶은 얼마나 소중합니까? 하나님이 우리를 위하시면 누가 우리를
대적하겠읍니까? 그래서 사울이 아무리 여러 가지 계교를 통해서
다윗을 죽일 음모를 꾀하지만 번번이 그의 모든 기도는 실패로 돌
아갑니다. 그리고 하나님은 진실하게 우리 다윗을 보호하고 있는
장면을 볼 수가 있읍니다.
그러나 아직 다윗의 생애에서 고통은 끝나지 않았읍니다. 사울
의 박해와 다윗의 도피는 계속됩니다. 19장에서도 사울이 계속 다
윗을 박해하고 그리고 다윗은 계속 도피하는 생활의 연장을 볼 수
가 있읍니다. 그러나 한편 하나님이 다윗과 계속적으로 함께 하는
사건도 계속됩니다.

하나님은 하나님의 백성들의 생애 속에 고통이나 고난은 전혀 주시지 않는 것이 아닙니다. 주께서는 고통을 허락하시지만 동시에 우리가 고통을 이길 수 있도록 우리와 함께 하신다는 사실을 성경은 보여 주고 있읍니다.

바울이 빌립보에서 전도하던 모습을 생각해 보십시오. 그가 아시아를 향해서 전도하다가 하나님의 부르심을 통해서 발걸음을 옮겨 빌립보로 향합니다. 유럽쪽을 향해서 발걸음을 돌이켰읍니다. 많은 지방을 찾아가서 복음을 전했지만 그를 둘러싸고 있는 모든 환경은 그에게 여전히 힘들고 어려운 환경이었읍니다. 온몸을 얻어 맞아서 감옥의 차디찬 땅바닥에 던져진 바울의 모습을 생각해 보십시오. 하나님이 당신의 뜻 가운데 있는 당신의 백성들에게 고통을 주시지 않는 것이 아닙니다. 모든 것을 만사형통하도록 만들어 주시지 않습니다. 어려움이 있읍니다. 고통이 있을 수가 있읍니다. 주의 백성들의 생애 속에 언제나 고난이 따릅니다. 그러나 하나님은 바울과 같이 계셨읍니다. 그 빌립보의 감옥 속에서 주께서 함께 하셨읍니다. 그리고 마침내 그 감옥의 간수를 구원하고, 빌립보 도시에 영광스러운 그리스도의 교회를 세우고, 모든 귀신들을 쫓아 내고 예수 그리스도의 복음을 이 구라파 대륙에 전하는 놀라운 역사를 하나님은 이룩하시지 않았읍니까?

그분은 고난을 면제함으로 역사하시지 않습니다. 고난을 주시면서 그분의 뜻을 이루십니다. 당신이 이 진리를 붙잡아 배우시기를 원합니다.

우리 한국 성도들은 얼마나 축복받기를 좋아합니까? 그래서 목사님들이 가정에 심방가기만 하면 축복 기도를 부탁합니다. 물론 축복 기도를 해야지요. 또 하나님께서 당신에게 축복해 주시기를 저는 정말 기도합니다. 그러나 하나님이 때때로 그리스도인의 생활 속에 고통과 고난도 주신다는 사실을 받아들이지 않고는 하나님의 영광스러운 뜻을 이룰 수 없읍니다.

예수님이 십자가에 매달리셨을 때 그 주변에 있던 많은 사람들
이 예수님께 뭐라고 이야기했읍니까? "네가 메시야이거든 십자가
에서 내려오라"고 하지 않았읍니까? 한국 교인들 같으면 예수님
이 십자가에서 내려오는 것을 더 좋아했을까요? 아니면 못박히는
것을 더 좋아했을까요? 저는 그런 생각을 해봅니다. 당신은 어
느 편을 더 좋아했을까 하고 말입니다. 만일 그때 예수님이 능력있
는 분이시니까 우리처럼 태권도를 하셨다고 가정해 봅시다. 그래
서 예수께서 이단옆차기로 십자가를 다 부수어 버리고 자기를 못
박는 모든 사람들을 모조리 다 죽여 버렸다면 우리 한국의 성도들
은 얼마나 아멘 할렐루야를 외치면서 우리 주님 앞에 찬송과 영광
과 존귀를 돌리게 되었을까요? 그러나 주님은 그런 길을 선택하
지 않았읍니다. 그분은 십자가에 못박히셨읍니다. 왜냐하면 그것
이 하나님의 뜻임을 알았기에 그렇습니다. 그렇게 하지 않고는 인
간을 향한 구속의 역사가 이루어질 수가 없다는 그 사실을 아셨기
에 고난을 선택하셨읍니다.

이 고난을 수용하는 신앙이 없이는 우리는 항상 감사할 수가 없
읍니다. 내 생활 속에 언제나 역사하시는 이 하나님의 주권을 받아
들이지 않고는 성경에 나타난 하나님의 백성들은 놀라운 생애를
살아갈 수가 없었을 것입니다. 그분은 우리를 축복하실 수 있읍니
다. 그러나 그 축복은 고난의 모습을 통해서도 올 수 있읍니다. 고
난도 축복입니다. 그래서 어느 설교가 고난을 가리켜서 "변장된
축복"이라고 말했읍니다. 왜냐하면 고난의 비밀 속에서는 하나님
의 위대한 뜻이 숨겨져 있기 때문입니다. 그래서 하나님은 다윗에
게 고난을 주시면서 다윗을 쓰십니다. 그리고 여전히 다윗을 통해
서 하나님의 뜻을 이루시는 사실을 볼 수 있읍니다.
그런데 우리가 참으로 이 사실을 깨닫는다면 고난 속에서도 감
사할 수 있을 것입니다. 우리는 고난의 환경 속에서도 하나님 앞에
찬양과 존귀를 돌릴 수 있읍니다. 그 사실을 믿으십니까?

5. 다윗의 보호자

19장을 통해서도 사울이 다윗을 박해하는 모습을 보게 됩니다. 그런데 하나님은 다윗의 목숨을 지키는 두 명의 보호자를 주셨읍니다. 이 보호자를 보면 참으로 흥미롭습니다. 그들이 누구입니까? 한 사람은 요나단이고, 또 한 사람은 미갈입니다. 1절 이하 17절의 말씀에서 다윗을 돕는 그들의 모습을 볼 수 있읍니다. 이 말씀 중 7절까지의 내용에서 보면 다윗을 보호한 첫번째 사람은 요나단입니다. 요나단은 다윗의 목숨을 노리고 있는 사울의 아들입니다. 그리고 두번째로 다윗의 목숨을 보호하고 지킨 사람은 미갈입니다. 미갈 역시 사울의 딸입니다. 하나님의 역사가 얼마나 재미있읍니까? 사울이 다윗의 목숨을 노립니다. 그러나 한편 하나님은 바로 사울왕의 아들과 딸을 통해서 다윗의 목숨을 지키십니다. 하나님이 고난을 허용하시지만 동시에 주의 백성들을 지키시는 이 놀라운 역사를 우리는 본문에서 보게 됩니다.

1) 요나단

우리는 19장에서부터 다윗과 요나단 사이에서 이루어지는 놀라운 하나님의 백성들의 참된 우정의 본질을 배우게 됩니다. 이미 18장 1절부터 요나단과 다윗의 우정은 시작이 되었읍니다. 다윗이 골리앗을 물리치고 놀라운 승리를 거두는 장면과 그리고 사울왕을 겸손하게 섬기는 장면을 통해서 사울의 아들인 요나단은 마음 속 깊이 감동을 받았읍니다.

18장 1절을 다시 한번 보겠읍니다.

"다윗이 사울에게 말하기를 마치매 요나단의 마음이 다윗의 마음과 연락되어 요나단이 그를 자기 생명같이 사랑하니라."

마음과 마음이 통했읍니다. 다윗과 요나단 사이에 순수한 우정이 시작됩니다.

하지만 생각해 보십시오. 요나단에게 왜 인간적인 고민이 없었
겠읍니까? 자기 아버지와의 관계에서 생각할 때에, 만일 다윗이
장차 왕이 된다면 사실상 요나단과 다윗의 관계는 어찌됩니까?
적의 관계입니다. 그가 될 수 있는 왕의 자리를 다윗이 침해하는
결과가 됩니다. 아버지냐 친구냐, 또 왕이냐 아니면 순수한 우정
을 택할 것이냐 하는 인간적인 고민이 없을 수가 없었을 것입니다.
그러나 놀라운 사실은 요나단은 욕망보다는 윤리를, 그리고 본능
보다는 의무의 길을 선택했다는 것입니다. 여기에서 우리는 하나
님의 사람다운 요나단의 깊은 인격을 보게 됩니다. 이 정직하고 순
결한 정의와 사랑을 가지고 있었던 사람 요나단을 통해서 하나님
은 다윗의 목숨을 지키십니다.

다윗과 요나단의 그 놀라운 우정의 비밀은 어디에 있었읍니까?
그들이 자기 생명같이 서로를 사랑할 수 있었던 친구 관계가 어떻
게 가능할 수 있었읍니까? 사무엘상 20장을 보겠읍니다. 우리는
20장의 몇 구절을 통해서 다윗과 요나단의 그 우정의 열쇠를 찾아
낼 수 있읍니다.
"요나단이 다윗을 사랑함으로 그로 다시 맹세케 하였으니 이는 자
기 생명을 사랑함같이 그를 사랑함이었더라"(17절).
"너와 내가 말한 일에 대하여는 여호와께서 너와 나 사이에 영영토
록 계시느니라"(23절).
이 고백은 42절에서 한 번 더 반복됩니다.
"요나단이 다윗에게 이르되 평안히 가라 우리 두 사람이 여호와의
이름으로 맹세하여 이르기를 여호와께서 영원히 나와 너 사이에
계시고 내 자손과 네 자손 사이에 계시리라 하였느니라."
이 다윗과 요나단의 범상하지 않은 우정의 비밀은 하나님이 그들
사이에 계셨기 때문입니다.

근세의 유명한 철학자인 마르틴 부버는 『나와 너』라는 책을 써서

현대인에게 깊은 충격을 던졌읍니다. 거기에서 그는 현대인의 인간관계를 세 가지로 진단했읍니다.

하나는 「그것과 그것의 관계」입니다. 오늘날 사람들은 마치 물건처럼 서로가 서로를 이용하고 차버립니다. 남편과 아내의 관계도 마찬가지입니다. 생명이 없는 무인격의 관계로 전락하고 있읍니다.

이 위대한 유대인 철학자 부버는 또 하나의 관계로 「나와 그것의 관계」라고 이야기했읍니다. 상대방이 나를 물건처럼 이용해도 나는 상대방을 끝까지 인격으로 대할 때 그때 「나와 그것의 관계」가 성립된다고 합니다.

그러나 이런 인간 관계는 「나와 너의 관계」로 발전하지 않으면 안 된다고 그는 말했읍니다. 나는 너를 인격적으로 그리고 당신도 나를 인격으로 대해야 한다는 말입니다.

여기서 끝나면 부버는 그렇게 위대하지 않습니다. 그는 또 이렇게 말합니다.

"내가 당신을 인격으로 믿어 주고 당신이 나를 인격으로 믿어 주어도 우리들 사이에는 언제나 그 인격적인 관계가 깨질 수 있는 긴장이 있다. 이것이 인간성의 연약함이다. 그렇기 때문에 나와 너 사이에는 언제나 이 인간 관계를 중매하는 하나의 촉매자가 필요하다."

부버는 그 촉매자를 「영원자 너」라고 이야기했읍니다. 그리스도인들에게 있어서 「영원자 너」는 바로 예수 그리스도입니다. 남편과 아내의 관계도 마찬가지입니다. 우리가 인간과 인간으로 부딪칠 때 우리는 상대방에게서 얼마나 많은 단점을 발견합니까? 그러나 그리스도를 통해서 바라본 내 아내, 또 그리스도를 통해서 바라본 내 남편은 어떻습니까? 그리스도를 통해서 우리가 함께 만날 때, 그리스도 안에서 함께 무릎을 꿇을 때에 비로소 서로 용서하고 사랑하는 놀라운 관계가 가능할 수 있읍니다.

다윗과 요나단의 우정을 단순히 인간 사이의 친밀한 우정으로만 보지는 맙시다. 성경은 말하기를 다윗과 요나단 사이에는 하나님이 계셨다고 증언합니다.

"하나님이 나와 너 사이에 계시고."

오늘 우리는 사랑하는 성도간에 이 고백을 할 수 있는지요?

"주님이 당신과 나 사이에 계십니다."

그 주님이 함께 하시는 만남은 얼마나 아름답습니까? 주께 하듯 남편은 아내를 사랑하고 아내는 남편을 사랑하는 이 관계의 놀라운 아름다움을 우리는 다윗과 요나단의 우정의 비밀을 통해서 체득할 수 있읍니다.

2) 미갈

두번째로 하나님은 미갈을 사용하셨읍니다. 그녀는 사울왕의 딸입니다. 미갈의 기지를 통해서 다윗은 또 한번 위기에서 벗어납니다. 그의 집은 사울왕의 군인들에 의해 포위되었읍니다. 다윗의 목숨은 경각에 달렸읍니다. 그때 하나님께서는 다시 미갈의 기지를 사용하셔서 다윗의 목숨을 지키십니다.

6. 다윗의 기도

그 날 밤 사울의 군사들에 의해서 언제 목숨이 날아갈지 모르는 말할 수 없는 어려운 위기와 역경의 한밤중에서 탄생한 다윗의 기도의 시가 있읍니다. 바로 이 본문을 배경으로 해서 나타난 시입니다. 바로 시편 59편입니다. 먼저 시편 59편의 앞에 기록되어 있는 단서를 보십시오.

「다윗의 믹담 시, 영장으로 알다스헷에 맞춘 노래, 사울이 사람을 보내어 다윗을 죽이려고 그 집을 지킨 때에」

여기서 바로 사무엘상 19장에 나타난 바로 그때 기록된 시임을 알 수 있습니다. 당신이 이 시편을 그냥 읽을 때와 역사적인 배경을 알고서 읽을 때와는 그 의미가 달라질 것입니다.

이제 시편의 말씀을 보겠습니다.

"나의 하나님이여 내 원수에게서 나를 건지시고 일어나 치려는 자에게서 나를 높이 드소서 사악을 행하는 자에게서 나를 건지시고 피흘리기를 즐기는 자에게서 나를 구원하소서 저희가 나의 생명을 해하려고 엎드려 기다리고 강한 자가 모여 나를 치려 하오니 여호와여 이는 나의 범과를 인함이 아니요 나의 죄를 인함도 아니로소이다 내가 허물이 없으나 저희가 달려와서 스스로 준비하오니 주여 나를 도우시기 위하여 깨사 감찰하소서"(1~4절).

얼마나 급하면 "하나님께서 일어나십시오. 내가 이렇게 절박한데 내 생명이 경각에 달렸는데 하나님 왜 침묵하십니까? 깨어 일어나 나를 감찰하옵소서"라고 외치게 되었을까요? 그러나 마지막 부분을 보십시오. 드디어 그는 이렇게 말할 수 있었습니다.

"저희로 저물게 돌아와서 개처럼 울며 성으로 두루 다니게 하소서 저희는 식물을 위하여 유리하다가 배부름을 얻지 못하면 밤을 새우려니와 나는 주의 힘을 노래하며 아침에 주의 인자하심을 높이 부르오리니 주는 나의 산성이시며 나의 환난 날에 피난처심이니이다"(14~16절).

다윗이 사울의 군사들에게 포위당해 언제 목숨이 날아갈지 모르는 그 공포의 한밤중에 하나님 앞에 엎드려 구원해 달라고 기도하다가 이 마지막 기도를 하면서 아마 벌떡 일어났을 것입니다. 그리고 외치기를 "나는 주의 힘을 노래하겠습니다. 그리고 아침에 주의 인자하심을 높이 부르겠습니다. 주님은 나의 산성이시며 나의 환난날에 내 피난처가 되시기 때문입니다"라고 마지막으로 이렇게 외친 것입니다.

"나의 힘이시며 내가 주께 찬송하오리니 하나님은 나의 산성이시
며 나를 긍휼히 여기시는 하나님이심이니이다"(17절).
그래서 그 밤에 다윗은 승리합니다. 이 기도는 다윗처럼 말할 수
없는 어둠과 공포의 밤을 만날 때 우리에게도 얼마나 필요한 기도
인지요? 그렇게 해서 다윗이 살아납니다. 다윗은 사울이 파놓은
이 무서운 함정에서 다시 한번 빠져 나옵니다. 그러나 아직 다윗의
생애의 위기는 끝나지 않았읍니다. 바로 다음 순간 또 하나의 위기
가 다윗에게 찾아옵니다.

6
실패와 회복

사무엘상 20장 이하의 말씀을 계속적으로 보겠읍니다. 이 사무엘
상 20장과 21장은 다윗의 인생에 있어서 가장 무겁고 피곤했던 사
건들을 기록하고 있는데, 여기서 다윗이 범한 실수들을 구체적으
로 발견하게 됩니다. 하나님께서는 다윗을 기름부어 선택하시면서
내 마음에 합한 사람이라고 이미 말씀하셨읍니다. 그러나 그럼에
도 불구하고 다윗이 실수 없는 완전한 생을 살았던 것은 아닙니다.
그도 연약한 인간성을 지녔기 때문에 인간으로서 저지를 수 있는
실수와 허물 속에서 살아갑니다.

성경의 위대성은 알렌 레드파스라는 신학자가 지적한 대로 "성
경은 어떤 위대한 영웅의 생애를 향해서도 아첨하지 않는다"라는
데에 있읍니다. 이 말은 문자 그대로 진리입니다. 성경은 아무리
훌륭한 사람의 생애라도 결코 미화시키지 않습니다. 우리가 존경
하는 믿음의 조상 아브라함을 보십시오. 아브라함의 생애 속에 있
었던 실수와 추악했던 모습들을 성경은 전혀 감추지 않고 있는 그
대로 보여 주고 있읍니다. 어떻게 하나님의 사람이 이런 삶을 살아

갈 수가 있는가 라고 하실 분들이 계실지 모릅니다. 그러나 또 한 편 깊이 생각하면 그도 별수없이 인간이었음을 이 말씀을 통해서 확인하면서 우리는 그들의 삶을 거울로 해서 우리의 삶의 구체적 인 모본을 발견할 수 있읍니다.

성경을 떠난 다른 어떤 영웅들의 생애를 기록하고 있는 자서전 들을 읽어 보면 언제나 그분들의 생애가 미화되어 있는 것을 보게 됩니다. 장점과 아름다운 것과 훌륭한 것들로 가득차 있읍니다. 그러나 그들의 생애 속에 있었던 가장 추악하고 어두웠던 부분들은 주로 은폐하는 것이 보통 우리가 대하는 자서전의 특징입니다.
그러나 성경은 성경 속에 나타난 어떤 위대한 사람도 그들의 생 애 속에 있었던 무섭고, 추악했고, 몸서리쳐지는 실수들을 있는 그대로 공개합니다. 그러나 그럼에도 불구하고 그들은 하나님의 사람들이었읍니다. 그럼에도 불구하고 하나님은 그들을 쓰셨읍니 다. 하나님이 완전한 사람만을 쓰신다는 환상을 우리는 버려야 합 니다. 우리는 누구나 다 부족합니다. 그러나 부족한 사람들을 쓰 신다는 데에 하나님의 역사의 미학이 있는 것을 발견할 수 있읍니 다.

1. 다윗의 실패

이제 우리는 사무엘상 20장과 21장을 통해서 다윗의 생애 속에 드 러난 그의 실수들을 대하게 될 것입니다.
20장 1절을 보겠읍니다.
"다윗이 라마 나욧에서 도망하여 와서 요나단에게 이르되 내가 무 엇을 하였으며 내 죄악이 무엇이며 네 부친 앞에서 나의 죄가 무엇 이관대 그가 내 생명을 찾느뇨."
지금 계속적으로 다윗은 사울에 의해서 추적을 당하고 있읍니다. 그는 계속 쫓기는 몸입니다. 사울은 다윗을 추적하는 일을 결코 포기하지 않고 계속해서 끈질기게 다윗을 괴롭힙니다. 다윗은 계속해서 도망가다 무척이나 피곤해지기 시작했읍니다. 그래서 라마나욧에서 도망와서 요나단을 찾아 그에게 푸념처럼 독백처럼 이렇게 말합니다.

"내가 무엇을 하였으며 내 죄악이 도대체 무엇이며 네 부친 앞에서 내 죄가 무엇이관대 그가 내 생명을 이렇게 찾으며 나를 이렇게 괴롭히는가?"

사실 다윗의 고백을 우리는 이해할 만합니다. 다윗의 이 순간의 피곤함을 우리는 공감할 수 있읍니다. 다윗은 죽음을 절박하게 느끼고 있었읍니다. 언제 어떻게 사울의 손에 의해서 목숨이 날아갈지 모르는 절박한 위기에 부딪친 다윗의 모습을 이 말씀을 통해서 볼 수가 있읍니다. 피곤과 회의와 불안의 늪 속에 빠져버린 이 인간 다윗의 모습을 보십시오.

계속해서 3절의 말씀을 보겠읍니다.

"다윗이 또 맹세하여 가로되 내가 네게 은혜받은 줄을 네 부친이 밝히 알고 스스로 이르기를 요나단이 슬퍼할까 두려운즉 그로 이를 알게 하지 아니하리라 함이니라 그러나 진실로 여호와의 사심과 네 생명으로 맹세하노니 나와 사망의 사이는 한 걸음뿐이니라."

"나와 죽음의 차이는 한 걸음뿐이니라"는 말씀에서 다윗이 죽음을 얼마나 절박하게 느끼고 있었는지 볼 수 있읍니다.

때때로 우리는 우리가 사랑했던 이웃들이 홀연히 우리 곁을 떠나 저 세상 사람이 된 것을 보게 됩니다. 그리고 그런 사람을 바라보면서 우리는 정말 죽음이 남의 일이 아니라는 사실을 비로소 확인하기 시작합니다. 나와 사망의 한 걸음 차이 때문에 어떤 사람은 고인이 되고 어떤 사람은 이 땅에 살아 있읍니다.

이 말은 다윗의 유명한 고백입니다. 그만큼 다윗은 사울에 의해서 그 목숨이 위태롭게 쫓기고 있었읍니다. 나와 사망의 사이는 한

걸음 차이뿐입니다.

1) 첫번째 거짓말

그래서 5절 이하에서 다윗은 친구 요나단에게 자기의 생명을 보존하기 위해서 한 가지 요구를 합니다. 그런데 그 요구가 문제입니다.

"내일은 월삭인즉 내가 마땅히 왕을 모시고 앉아 식사를 하여야 할 것이나 나를 보내어 제 삼일 저녁까지 들에 숨게 하고 네 부친이 만일 나를 자세히 묻거든 그때에 너는 말하기를 다윗이 자기 성 베들레헴으로 급히 가기를 내게 허하라 간청하였사오니 이는 온 가족을 위하여 거기서 매년제를 드릴 때가 됨이니이다 하라"(5, 6절).

만일 부친이 내가 어디 있느냐고 자세히 묻거든 거짓말을 해달라고 요청합니다. 비록 그가 죽음 앞에 너무도 절박하게 쫓기면서 어쩔 수 없는 상황에서 할 수 없이 거짓말을 했다고 할지라도 거짓말은 거짓말입니다. 선의의 거짓말도 거짓말은 거짓말인 것입니다. 다윗에 대한 기록 가운데서 여기서 그의 최초의 실수를 볼 수 있읍니다. 친구에게 거짓말을 종용하고 있는 다윗의 모습입니다. 하나님의 마음에 합한 사람 다윗이 이럴 수 있읍니까? 친구에게 거짓말을 종용하다니요?

2) 두번째 거짓말

이제 21장 1절을 보겠읍니다.
"다윗이 놉에 가서 제사장 아히멜렉에게 이르니."
이번에는 다윗이 도망가는 역사가 계속됩니다. 라마 나욧이라는 장소에서 놉이라는 장소로 다시 도피합니다. 거기에서 제사장 아히멜렉을 만나서 숨겨 달라고 요청합니다.
  계속해서 말씀을 보겠읍니다.

"아히멜렉이 떨며 다윗을 영접하며 그에게 이르되 어찌하여 네가 홀로 있고 함께 하는 자가 아무도 없느냐."

여기에서 아히멜렉이 떤 이유가 무엇입니까? 그 당시에 그 나라의 왕은 사울이었읍니다. 왕은 지금 다윗의 목숨을 찾고 있읍니다. 그것은 천하가 다 아는 사실입니다. 그 당시에 실력자는 사울입니다. 그러므로 왕이 찾고 있는 이 사람을 숨기면 다윗과 꼭같이 당할 수밖에 없읍니다. 그러므로 떨지 않을 수 없었던 것입니다.

2절에서 다윗의 대답을 보겠읍니다.

"왕이 내게 일을 명하고 이르시기를 내가 너를 보내는 바와 네게 명한바 일의 아무것이라도 사람에게 알게 하지 말라 하시기로 내가 나의 소년들을 여차 여차한 곳으로 약정하였나이다."

여기서 다윗은 또 한번 거짓말을 합니다. 왜 혼자 왔냐는 물음에 그는 "사울왕께서 비밀한 일을 내게 주셨기 때문에 왕의 명령을 받들어서 혼자 왔다"고 합니다. 거짓말은 거짓말을 낳습니다. 한 번 거짓말을 시작한 다윗은 계속 자기를 변호하기 위해서 또 다른 거짓말을 시작합니다. "욕심이 잉태한즉 죄를 낳고 죄가 장성한즉"이라는 성경 말씀에서 죄가 장성한다는 말은 언제나 죄는 그대로 있지 못한다는 이야기입니다. 죄를 짓기 시작하면 멈출 수가 없읍니다. 그 죄는 나를 걷잡을 수 없는 파멸의 자리까지 계속 몰고 갑니다.

그러나 21장을 계속 읽어 보면 다윗이 제사장 아히멜렉 앞에서 거짓말을 하고 있는 그 자리에서 그의 일거수일투족과 그의 담화를 엿듣고 있는 한 사람이 있음을 보게 됩니다.

7절에 기록되어 있는 이 사람을 주목하시기 바랍니다.

"그 날에 사울의 신하 한 사람이 여호와 앞에 머물러 있었는데 그는 도엑이라 이름하는 에돔 사람이요 사울의 목자장이었더라."

사울이 파송한 비밀경찰요원 도엑이라는 사람이 바로 그 자리에 있었읍니다. 이 사람은 나중에 밀고자의 역할을 하게 됩니다.

이제 22장을 보겠읍니다. 22장에서 아히멜렉 일가와 그의 온 가문은 사울왕에 의해서 떼죽음을 당하게 됩니다. 누구 때문이며 무엇 때문입니까? 그것은 다윗을 숨겨 주었기 때문입니다. 다시 말하면 다윗의 거짓말 때문에 아히멜렉 제사장 일가와 그의 온 가문이 끔찍한 죽음 앞에 내던져지는 살인극이 일어나게 되었던 것입니다.

20절 이하의 본문을 보겠읍니다.

"아히둡의 아들 아히멜렉의 아들 중 하나가 피하였으니 그 이름은 아비아달이라 그가 도망하여 다윗에게로 가서 사울이 여호와의 제사장들 죽인 일을 다윗에게 고하매 다윗이 아비아달에게 이르되 그 날에 에돔 사람 도엑이 거기 있기로 그가 반드시 사울에게 고할 줄 내가 알았노라."

이 말은 그 날 그 친구가 거기 있는 것이 어쩐지 기분이 나쁘더라는 말입니다. 도엑 때문에 제사장 아히멜렉 일가의 비극적인 사건이 초래되었읍니다.

다시 21장으로 되돌아와서 7절 이하 15절까지의 말씀을 보면 다윗의 두려움은 계속됩니다. 다윗은 계속 도망가기 시작합니다. 그런데 여기에서 흥미있는 사실을 발견하게 됩니다. 그것은 8절에 기록된 내용입니다.

"다윗이 아히멜렉에게 이르되 여기 당신의 수중에 창이나 칼이 없나이까 왕의 일이 급하므로 내가 내 칼과 병기를 가지지 못하였나이다."

그는 아히멜렉 제사장에게로 피하여 왔으면서도 마음이 근심되어 견딜 수가 없읍니다. 불안하여 견딜 수가 없읍니다. 두려워 견딜 수가 없읍니다. 그래서 무엇을 찾고 있읍니까? 칼과 창을 찾고 있읍니다. 그런데 마침 흥미롭게도 그 장소에 골리앗의 칼이 있었읍니다. 자기가 죽였던 골리앗의 칼이 거기에 보관되어 있었읍니다.
"제사장이 가로되 네가 엘라 골짜기에서 죽인 블레셋 사람 골리앗
의 칼이 보자기에 싸여 에봇 뒤에 있으니 네가 그것을 가지려거든
가지라 여기는 그 밖에 다른 것이 없느니라 다윗이 가로되 그 같은
것이 또 없나니 내게 주소서."
그래서 다윗은 사울을 두려워하여 골리앗의 그 무서운 칼을 가지
게 되었읍니다. 그런데 그 칼로 무장을 하고나서도 그는 여전히 두
려워하고 있읍니다. 이것은 그 옛날 엘라 골짜기에서 우리가 보았
던 다윗의 모습과는 얼마나 다릅니까?

　일찌기 엘라 골짜기에서 골리앗과 싸울 때 다윗은 무엇으로 무
장했읍니까? 물맷돌 다섯 개밖에는 아무것도 없었읍니다. 갑옷도
입지 않았읍니다. 그러나 그때는 두려워하지 않았읍니다. 하나님과
올바른 관계를 맺고 하나님의 거룩한 영에 붙잡힘을 받아 하나님
과 함께 골리앗을 향해서 전진하던 그 엘라 골짜기에서의 다윗의
모습을 생각해 보십시오.
"골리앗이여! 너는 칼과 방패를 믿고 네 힘을 믿고 내게 나오지만
나는 만군의 여호와의 이름으로 너를 향해서 간다."
　그 날의 그 기세등등했던 다윗의 용기는 어디로 사라졌읍니까?
하나님과 올바른 관계를 갖지 못했을 때 우리가 아무리 인간의 모
든 수단과 방법으로 자기 자신을 갖추고 온갖 가면으로 위장한다
고 할지라도 마음 속의 불안과 공포는 숨길 수가 없읍니다. 그러나
내가 하나님과 올바른 관계를 맺기만 하면, 그리고 하나님이 원하
시는 삶의 자리에 서 있기만 하면, 내게 아무것도 없어도 마음은
여전히 든든합니다. 살아계신 하나님이 나의 빛이 될 때, 그 하나
님이 나의 반석이 될 때, 그 하나님이 나의 능력이 될 때, 내가 누
구를 두려워하겠읍니까?

　그러나 하나님과의 관계가 흔들리자마자 다윗은 걷잡을 수 없이

무너지기 시작합니다. 골리앗의 칼과 갑옷으로 무장하고도 다윗의 마음은 결코 평안할 수가 없습니다.

묻습니다. 오늘 당신의 마음 속에 숨어 있는 그 불안과 공포의 정체는 무엇입니까? 그러나 하나님과 올바른 관계를 맺고 산다면 이러한 불안은 없을 것입니다. 내가 어디에서 살든 내 주변의 환경이 어떠하든 내 마음 속에 넘쳐나는 이 평안, 아무도 흔들 수 없는 내 마음 속의 안전함, 이것은 주께서 주신 것이 아닌지요?

그러나 다윗은 그렇지 못합니다. 하나님과의 관계가 이미 흔들렸습니다. 그는 거짓말을 계속 하고 있습니다. 쫓깁니다. 그리고 그의 마음이 점점 더 큰 두려움으로 사로잡히고 있는 모습을 본문에서 볼 수 있습니다.

우리는 이 장면에서 두 번에 걸친 다윗의 거짓말을 보았습니다. 이런 경우에 우리도 인간적으로 다윗을 동정할 수는 있습니다. 내가 다윗의 형편이라면 나도 거짓말을 했을지 모릅니다. 하지만 그 때 그 거짓말을 있을 수 있는 거짓말이라고 생각하지 마십시오. 거짓말은 거짓말입니다.

3) 상황윤리

이 시대에 유행하는, 그리스도인들이 경계해야 할 잘못된 도덕 철학이 있습니다. 그것은 "상황윤리"(situation ethics) 입니다. "어쩔 수 없는 경우에 거짓말을 하는 것, 장사를 위해서 거짓말하는 것, 어쩔 수 없는 형편 때문에 거짓말하는 것, 그것은 죄가 아니다"라는 철학들이 우리 시대에 고개를 들기 시작하고 있습니다.

조셉 플레처가 1966년에 소위 『새로운 도덕』을 펴 냄으로써 그의 철학은 현대인에게 크게 공감을 얻어 내기 시작했습니다. 플레처의 상황윤리는 세 가지의 철학적인 기초를 갖고 있습니다.

하나는 실용주의입니다. 오늘날 미국 사회에 만연되어 있는 실용주의 철학은 "이것은 진리인가?"라는 질문보다도 "이것이 나에게 유익한가?"라는 질문에 더 큰 역점을 둡니다.

둘째는 상대주의입니다. 절대적인 것을 간구하였을 때 결국 우리는 상대주의 철학의 지배 아래 놓일 수밖에 없습니다.

세째는 소위 적극적인 동기만 있다면 수단은 얼마든지 정당화될 수 있다는 철학입니다.

이런 철학의 근거 위에서 상황윤리가 발생되었습니다. 상황윤리를 주장하는 사람들은 이렇게 말합니다.
"사랑만이 고유한 선이다. 그리스도인의 행위를 궁극적으로 결정하는 것은 결국 사랑이다. 목적은 수단을 정당화할 수가 있고, 사랑은 결국 상황적인 것일 수밖에 없다."
복잡한 이야기를 했읍니다.

그런데 플레처 같은 사람의 유명한 실례를 통해서 그들이 주장하는 내용의 요점을 다시 한번 설명하겠읍니다. 그가 이야기한 것 가운데 대표적인 예는 델트마이어 여사의 이야기입니다.

그녀는 가상적인 인물로서 러시아 사람들에게 포로가 된 독일 여자입니다. 그녀는 전쟁 중에 포로가 되어서 소련의 우크라이나 수용소에 갇히는 죄수가 되었읍니다. 한편 남편은 연합군에게 포로가 되어 파우캠프에 갇히게 되었읍니다. 그러나 남편이 먼저 자유를 얻어서 베를린의 고향집으로 돌아가게 되었읍니다. 남편과 자녀들이 먼저 고향으로 무사히 돌아와 있다는 소식을 여차여차해서 우크라이나 수용소에 갇혀 있던 델트마이어 여사가 듣게 되었읍니다. 그녀는 얼마나 고향에 가고 싶었겠읍니까? 자기 남편과 자식들을 얼마나 만나고 싶었겠읍니까? 그러나 길이 없었읍니다. 그런데 꼭 한 가지 길이 있읍니다. 우크라이나 수용소에서는 임신한 여자에게만은 석방을 시켜 주는 관례가 있었읍니다.

자, 만일 당신이 델트마이어 여사라면 어떻게 하시겠읍니까?

사랑하고 존경하는 아내된 분들이여, 어떻게 하시겠읍니까? 이 상황 속에서 어떻게 하시겠읍니까?

멜트마이어 여사의 경우 그녀는 자기가 그 감옥 속에서 사건 잘 아는 간수에게 모든 이야기를 털어 놓았읍니다. 그래서 그녀는 그 남자와의 관계를 통해서 임신을 했읍니다. 물론 그녀는 석방되었읍니다. 그리고 고향으로 돌아갔읍니다. 그리고 남편과 자녀들을 만나서 기쁨의 생활을 시작했고, 얼마 후에 이 여자는 아들을 낳았는데 그 아들의 이름을 리틀이라 짓고 이 아들을 특별히 아끼고 사랑했읍니다.

그런 이야기를 하면서 플레처 교수는 "이런 경우에서 간음은 간음이 아니다. 이것은 소위 희생적 간음이다. 이것은 사랑 때문에 행해진 것이다. 거기에는 가족과의 재연합이라는 바람직한 목표가 있었다. 그러므로 이런 경우에 간음은 죄가 아니다"라는 말을 했읍니다. 아주 그럴 듯합니다. 오늘 현대의 젊은이들이 이 철학의 영향을 받고 있읍니다.

그러나 이 상황윤리를 따라가는 모든 이들에게 제가 묻고 싶은 몇 가지 질문이 있읍니다. 상황윤리가 가진 치명적인 문제는 무엇인가 하는 것입니다.

먼저는 사랑의 의미를 정의하는 것이 문제입니다.

그들에게 사랑이란 도대체 무엇인가?

그들이 주장하는 윤리관을 따라가면 결국 우리는 도덕적인 상대주의 속에 떨어지지 않는가?

이런 물음에 그들은 대답해야 합니다. 그러나 이 모든 것보다도 가장 중요한 물음은 그들이 믿고 있는 하나님은 어떤 하나님인가 라는 물음입니다. 그들의 신관이 문제입니다. 플레처 교수가 믿고 있는 하나님은 어떤 하나님입니까? 우크라이나 수용소에서 그 간수와의 통정(通情)을 통해서 임신이라는 방법을 사용하지 않고는 절대로 이 여인을 감옥에서 자유케 할 수 없는 하나님, 이 하나님이 플레처 교수가 믿고 있는 하나님입니다.

그러나 제가 믿고 있는 하나님은 그렇지 않습니다. 만약 이 여인이 정직하게 가족과의 연합을 추구하고 하나님 앞에 그녀의 자유와 해방을 위해서 기도했다면 우리 하나님께서는 이 여자로 하여금 도덕적인 원리를 침범하지 않고도 자유를 주실 수 있는 전능하신 하나님이심을 저는 믿습니다. 당신이 믿고 있는 하나님은 어떤 하나님이십니까?

화란과 세계가 존경하는 유명한 신앙의 어머니 코리텐붐 여사는 독일 사람들에게서 수많은 고통을 당했읍니다. 그러나 세계대전이 끝난 뒤에 그녀는 독일 사람들과 세계의 사람들에게 사랑과 용서의 복음을 전하기 시작했읍니다. 그녀는 특별히 공산주의자들에게 복음을 증거하기를 원했읍니다. 그래서 아직까지도 공산주의 국가들의 문이 열리치 않았을 때에 그녀는 성경책을 가지고 공산주의 국가를 넘나들면서 말씀을 증거하는 일들을 했읍니다.

그 날도 그녀는 유고슬라비아를 향해서 가고 있었읍니다. 국경의 경계선에서 검문하는 사람들이 기차를 내리는 사람들의 짐을 하나하나 검열하기 시작합니다. 그때 마침 코리텐붐 여사는 가방에 성경책을 잔뜩 가지고 있었읍니다. 어떤 경우에는 검문하는 사람들이 짐을 샅샅이 뒤지지 않고 그냥 "그 가방 속에 무엇이 들었소?"라고 묻습니다. 쭉 줄을 서서 차례를 기다리며 코리텐붐 여사는 이런 생각을 해보았읍니다.

'만약 저 검문하는 사람이 가방 속에 무엇이 들었냐고 물으면 어떻게 대답하나? 주님을 위해서 거짓말을 해야 하나? 아니다. 그래도 거짓말은 거짓말이다. 거짓말을 할 수는 없지. 그러면 어떻게 하나?'

코리텐붐 여사는 맨 끝 줄에서 두번째로 서 있었읍니다. 그녀는 잠시 기도했읍니다.

"하나님, 지혜를 주세요. 거짓말을 하지 않고도 이 성경을 가지

고 들어가서 하나님의 영광을 위해 이 땅에서 일할 수 있도록 도와
주세요."

열심히 기도하고 있었읍니다. 기도하는 동안에 맨 뒤에 있던 사람
이 기다리다 더 이상 참을 수 없었던지 새치기를 해버렸읍니다. 그
래서 그녀가 맨 끝에 서게 되었읍니다. 검문하는 사람이 다 검색을
하고 드디어 코리텐붐 할머니 차례가 왔읍니다. 그때 검문하는 사
람이 성경이 잔뜩 들어 있는 짐을 들어 보더니 이렇게 말합니다.
『아이구 할머니, 굉장히 무겁군요. 마지막이니까 제가 들어다 드
리지요.』

그래서 그녀는 그냥 통과했읍니다.

할렐루야! 이 하나님을 믿지 않으십니까? 도덕적인 기준을 범
하지 않고도 우리가 처한 모든 환경 속에서 하나님을 신뢰하고 의
지함으로 마땅히 가야 할 길을 가게 하시는 그 하나님을 당신의 하
나님으로 신뢰하시기 바랍니다.

그러나 다윗은 아무리 좋은 동기를 위해서지만 급한 나머지 얼
마나 자주 거짓말을 되풀이하는지 모릅니다. 연약해지고, 비틀비
틀거리고, 쓰러져 가고, 무너져 가는 인간 다윗의 모습을 주목하
면서 오늘 20세기를 살고 있는 당신과 나의 삶의 모습을 조명해
보시기 바랍니다.

4) 3가지 적용 원칙

우리가 이렇게 죄를 지을 수밖에 없는 그런 환경 속에 던지움을 받
았을 때 언제나 다음과 같은 세 가지 원칙을 적용하시기 바랍니다.

첫째로, **어떤 상황에서도 타협없이 하나님의 영광을 위해서
살기로 작정하십시오.**

어떤 상황 속에 처할망정 그 상황 속에서 내가 타협하지 않을 것

을, 하나님의 영광을 위해서 내 도덕적인 원리를 희생하지 않을 것을 먼저 하나님 앞에서 작정하시기 바랍니다. 이것이 첫번째 원리입니다.

둘째로, 지혜를 구하십시오.

야고보서 1장 5절 이하에 보면 후히 주시고 꾸짖지 아니하시는 하나님께 지혜를 구하라고 사도 야고보가 교훈해 주고 있음을 봅니다. 그러므로 "하나님, 이런 경우에 내가 어떻게 하면 좋겠읍니까?"라고 물어 보며 그 지혜를 구하시기 바랍니다. "나는 어쩔 수가 없어. 이 환경 속에서는 이렇게 할 수밖에 없어. 그리스도인이래도" 이렇게 말씀하지 마시고 "하나님, 지혜를 주십시오"라고 기도하시기 바랍니다. 왜 그 상황 속에서 그렇게도 필요한 지혜를 기도를 통해서 구하지 않습니까? 지혜를 구하시기 바랍니다.

세째로, 만약 연약해서 죄를 범했거든 그것은 죄가 아니라고 말하지 마십시오.

"하나님, 제가 연약해서 죄를 범했읍니다"라고 말하십시오. 그래서 우리에게는 구세주의 용서가 필요한 것이 아닙니까? 그래서 우리는 우리를 용서하시는 주의 십자가가 필요한 것이 아닙니까? "어쩔 수 없어서 이렇게 했읍니다. 따라서 이것은 죄가 아닙니다"라는 합리화를 통해서, 이런 방어 수단을 통해서 현 상황을 피해 도망가려고 하지 마십시오. 대신 "하나님 제가 연약해서 죄를 범했읍니다. 흘리신 피로 저를 깨끗이 정하게 하옵소서"라고 간구하십시오. 그래서 내게 도우시는 주님의 능력과 성령님의 거룩하신 임재가 필요함을 경험하시기 바랍니다. 기도로 주님 앞에 나아오시기 바랍니다.

다윗의 타협은 얼마나 큰 대가를 지불했어야만 했읍니까? 그렇다고 해서 그가 자기의 문제를 해결한 것도 아닙니다. 거짓말한다고 해서 다윗의 문제가 해결된 것도 아닙니다. 사울이 다윗을 추적한 사건도 누구의 섭리에 의해서 진행되고 있는 것입니까? 하나님의 섭리입니다. 그런데 얕은 인간의 죄와 수작으로써 그 상황을 피하려고 합니다. 문제도 해결하지 못하면서, 그리고 남에게 피해만 입히면서 자기는 점점 더 궁지에 빠지면서 무너지는 다윗을 보십시오.

오늘 저와 당신은 다윗과 동일한 모습으로 꼭같은 함정에 빠져서 허우적거리고 있지는 않은지요?

이제 21장 10절 이하를 보면 다윗이 사울을 두려워하며 도망하여 가드왕 아기스에게로 갔다고 기록하고 있습니다.
"그 날에 다윗이 사울을 두려워하여 일어나 도망하여 가드왕 아기스에게로 가니 아기스 신하들이 아기스에게 고하되 이는 그 땅의 왕 다윗이 아니니이까 무리가 춤추며 이 사람의 일을 창화하여 가로되 사울의 죽인 자는 천천이요 다윗은 만만이로다 하지 아니하였나이까 한지라"(10~11절).
다윗은 실제로 이렇게 인기가 높았던 인물입니다. 그러나 12절을 보십시오.
"다윗이 이 말을 그 마음에 두고 가드왕 아기스를 심히 두려워하여"(12절).
이제 다윗이 하나님과의 관계가 잘못되자 자기를 아는 모든 사람이 다 의심스러워지기 시작합니다. 그 두려움을 떨치지 못합니다. 그래서 다윗이 무슨 짓을 시작합니까?
13절을 보십시오.
"그들의 앞에서 그 행동을 변하여 미친 체하고 대문짝에 그적거리며 침을 수염에 흘리매."
아! 사람이 이렇게 비참해질 수 있읍니까? 한 나라의 왕의 후보가 침을 질질 흘리면서, 미친 짓을 하면서 돌아다니는 이 모습을 보십시오. 하나님의 마음에 합한 사람, 장차 이 나라의 왕의 될 다

윗이 미친 짓거리를 합니다. 이 미친 짓을 하면서 무너져 가고 있
는 다윗의 모습을 보십시오.

2. 다윗의 회복

1) 기도와 찬송

다윗은 이러한 자리에서 그냥 주저앉지는 않았읍니다. 다윗이 얼
마나 괴로워했겠읍니까? "내가 어쩌다 이 지경이 되었는가?" 미
친 짓을 하면서도 다윗의 마음 속에는 얼마나 인간적인 마음과 괴
로움이 지배하고 있었겠읍니까? 그러나 이 것잡을 수 없는 두려
움과 불안과 광기와 혼란 속에서 휘청거리던 다윗은 다시 깊은 고
민의 한밤중에 하나님의 말씀을 붙들고 주님 앞에 엎드려 기도하
면서 일어나기 시작합니다. 이 무렵에 씌어진 다윗의 기도의 찬송
시가 있읍니다. 그 시는 시편 34편입니다. 시편 34편이 시작되기
전에 서두에 제목이 붙어 있읍니다. 그 제목을 보겠읍니다.
"다윗이 아비멜렉 앞에서 미친 체하다가 쫓겨나서 지은 시."
그렇습니다. 이 시는 그가 미친 체하다가 그 날에 쫓겨나면서 지은
시입니다. 우리가 역사적 배경을 모르고 이 말씀에 임하면 시편이
살아나지 않을 것입니다.

   이제 그 배경을 생각해 보면서 시편 34편을 보겠읍니다.
"내가 여호와를 항상 송축함이여."
그러한 상황에서도 다윗의 마음 속의 신앙의 불은 꺼지지 않았읍
니다.
"내가 여호와를 항상 송축하며 그를 송축하니 내 입에 계속 하리로
다."
내가 이 지경이 되었을망정 하나님을 송축하는 일을 그만둘 수 없
읍니다. 하나님을 계속 찬양하겠읍니다.

"내 영혼이 여호와를 자랑하리니 곤고한 자가 이를 듣고 기뻐하리로다 나와 함께 여호와를 광대하시다 하며 함께 그 이름을 높이세"
(1~4절).

그는 기도하기 시작했읍니다.

"내가 여호와께 구하매."

이제 다윗이 여호와께 구합니다. 어떤 결과가 일어났읍니까?

"내게 응답하시고 내 모든 두려움에서 나를 건지셨도다."

기도하며 찬송하며 일어납니다. 이 말할 수 없는 괴로운 자리, 쓰러진 자리에서, 낮아진 자리에서, 비참한 자리에서 그는 기도를 그치지 않습니다. 찬양을 그치지 않았읍니다. 기도가 얼마나 중요한지 모릅니다.

우리의 마음이 걷잡을 수 없이 어려워지기 전에는 우리는 기도하기가 싫어집니다. 제가 어느 분하고 상담할 때 그 분이 이런 말을 합니다.

"목사님, 기도하기 싫어질 때 어떻게 하면 좋겠읍니까? 기도할 마음이 아예 없을 때 그때는 무엇을 하면 제일 좋습니까?"

제가 대답했읍니다.

『제가 말한 대로 그대로 하시겠읍니까? 기도하기가 싫어지거든 '하나님 나 기도하기가 싫어졌읍니다'라고 말하십시요.』

그렇게 할 때 그 기도도 사실은 기도인 것입니다. 그런 기도라도 필요합니다. 기도의 대화의 선! 주님과 나 사이에 이 생명줄이 끊이지 않고 있다는 사실이 중요합니다. 다윗이 만약 찬송과 기도와 이 모든 것을 다 여기서 망각해 버리고 말았다면, 다윗은 영 다시 일어나지 못했을지도 모릅니다. 그럼에도 불구하고 그는 찬양했읍니다. 그럼에도 불구하고 그는 기도했읍니다. 그는 마침내 이렇게 말할 수가 있었읍니다.

"내가 여호와께 구하니 그가 모든 두려움에서 마침내 건지셨도다."

계속되는 말씀을 보겠읍니다.

"저희가 주를 앙망하고 광채를 입었으나 그 얼굴이 영영히 부끄럽
지 아니하리로다 이 곤고한 자가 부르짖으매 여호와께서 들으시고
그 모든 환란에서 구원하셨도다"(5~6절).

어떻습니까? 이 시련 속에서 생동하는 멧세지이지 않습니까? 그
날 밤 다윗은 하나님과의 관계 속에서, 깊은 기도 속에서 놀라운
이 고백을 토하고 있읍니다. 그러면서 다윗은 일어납니다. 이 비
참한 자리에서 그는 기도의 줄을 붙잡고 다시 일어섭니다. 하나님
의 능력을 통해서 그는 다시 일어섭니다. 재난의 밑바닥에서 다시
일어나 하나님을 바라보고 새로운 역사를 창조하기 시작합니다.

2) 군대장관이 됨

이제 22장으로 넘어가서 1절을 보겠읍니다.

"그러므로 다윗이 그곳을 떠나 아둘람굴로 도망하매 그 형제와 아
비의 온 집이 듣고는 그리로 내려가서 그에게 이르렀고 환란당한
모든 자와 빚진 자와 마음이 원통한 자가 그에게로 모였고 그는 그
장관이 되었는데 그와 함께 한 자가 사백 명 가량이었더라"(1~2
절).

이 말씀이 다윗의 일생에서 중요한 역사적 계기가 됩니다. 다시 말
하면 이 400명이 다윗을 호위한 군대가 됩니다. 그래서 이 군대가
나중에 막강한 다윗 왕국의 군사를 형성하게 됩니다. 하나님은 다
윗이 하나님과 올바른 관계를 맺자마자, 기도를 통해서 일어서자
마자, 다윗을 위로하고, 지원하고, 다윗과 함께 하도록 하기 위해
서 사람들을 다윗에게 다시 보내 주시기 시작합니다.

물론 그 사람들은 인간적으로 볼 때 보잘것 없는 사람들이었읍
니다. 그러나 하나님이 왜 그러한 일을 즐겨 하시는지는 모릅니
다. 2절을 보면 처음에 환란당한 모든 사람, 그 다음에 빚진 자들,
그 다음 마음이 원통한 사람, 이런 사람들이 다 모여와서 다윗의

군대가 되었고 다윗은 장관이 되었다고 말씀합니다.

성경이 재미없다고 이야기하는 사람이 있읍니다. 성경만 보면 잠이 오는 사람이 있읍니다. 그것은 성경을 제대로 읽지 않아서 그럽니다. 소설보다 박력있고, 아름답고 모험이 가득찬 역사의 기술이 들어 있는 이 성경을 가까이 해보십시오.

자, 이 무법자들, 별볼일 없는 이들을 둘러싸고서 하나님은 이제 다윗을 통해서 위대한 역사를 시작하십니다. 왜 하나님께서는 이런 사람들을 다윗에게 보내셨읍니까? 세 가지로 대답할 수 있읍니다.

첫째는, 다윗을 위로하기 위해서입니다.
그동안 다윗은 사울왕에게 쫓겨 다니면서 혼자서 들을 헤매며 얼마나 고독한 도피행각을 계속했읍니까? 이제는 그만 우리 하나님이 다윗을 위로할 때입니다.

둘째는, 지도자로 살기 위해 훈련되어야 하기 때문입니다.
내 주변에 사람들이 많으면 무엇이 생깁니까? 상대적으로 나에게는 책임감이 생기기 시작합니다. 이 빚진 사람들, 마음이 원통한 사람들, 이 사람들을 통솔하고 먹여 살리기 위해서는 책임감이 생기기 시작하는 것입니다. 다윗은 이제 무엇으로 부상하기 시작합니까? 그는 지도자로서의 훈련을 받는 것입니다.

세째는, 이들을 훈련시켜서 내일의 일꾼으로 만들어가는 과제를 맡기십니다.
3절 이하의 말씀을 보겠읍니다.
"다윗이 거기서 모압 미스베로 가서 모압왕에게 이르되 하나님이 나를 위하여 어떻게 하신 것을 내가 알기까지 나의 부모로 나와서 당신들과 함께 있게 하시기를 청하나이다 하고 부모를 인도하여 모압왕 앞에 나아갔더니 그들이 다윗의 요새에 있을 동안에 모압왕과 함께 있었더라"(3, 4절).
다윗은 이제 모압 미스베로 걸음을 옮깁니다. 그리고 이 모압땅은 다윗의 조상 룻의 고향입니다. 이제 이들은 잠시 모압땅에서 안식을 취하게 됩니다.

그 다음 5절에 보면 선지자를 통해서 다윗에게 하나님의 말씀이 들려옵니다.

"선지자 갓이 다윗에게 이르되 이 요새에 있지 말고 떠나 유다땅으로 들어가라 다윗이 떠나 헤렛 수풀에 이르니라."

더 이상 있지 말고 떠나라는 이 명령에 다윗은 이제 순종합니다. 이 장면이 매우 중요한 장면입니다.

그동안 다윗은 자기 마음대로 도망다니면서 언제 기도한 일이 있었읍니까? "하나님 제가 어디로 도망해야 합니까?"라고 기도한 일이 그에게는 한 번도 없었읍니다. 그러나 이제 그가 하나님과 올바른 관계를 맺자마자 하나님의 말씀이 다시 그에게 들려옵니다.

당신은 환란 중에 주님의 말씀을 듣기 원하십니까? 하나님의 지시를 발견하기를 원하십니까? 하나님의 인도를 발견하기를 원하십니까? 그렇다면 그 전에 우리가 해야 할 가장 중요한 전제 조건이 있읍니다. 그것은 나와 하나님 사이에 올바른 관계를 맺는 일입니다. 올바른 관계가 있어야 그 열려진 통로를 통해서 하나님의 말씀이 들려올 수가 있는 것입니다.

다윗이 하나님과 올바른 관계를 맺자 이제 선지자를 통해서 하나님의 말씀이 들려옵니다. 하나님은 이제 다윗의 한발자욱 한발자욱을 구체적으로 인도하시기 시작합니다.

"다윗이여 이제는 유다땅으로 들어가라."

이 명령에 다윗은 용기백배해서 새로운 행진을 시작합니다.

3) 하나님의 뜻을 구함

계속되는 6절에서 19절까지 사이에는 아히멜렉 제사장 일가의 죽음의 사건이 기록되고 있읍니다. 그리고 그 다음 20절 이하에 보면 아히멜렉 일가가 다 죽었는데 그 중에 한 사람 아히멜렉의 아들 아비아달이라는 사람만이 살아남게 된다는 것을 알 수 있읍니다.

　20절 이하 23절의 말씀을 보겠읍니다.

"아히둡의 아들 아히멜렉의 아들 중 하나가 피하였으니 그 이름은 아비아달이라 그가 도망하여 다윗에게로 가서 사울이 여호와의 제사장들 죽인 일을 다윗에게 고하매 다윗이 아비아달에게 이르되 그 날에 에돔 사람 도엑이 거기 있기로 그가 반드시 사울에게 고할 줄 내가 알았노라 네 아비 집의 모든 사람 죽은 것이 나의 연고로다 두려워 말고 내게 있으라 내 생명을 찾는 자가 네 생명도 찾는 자니 네가 나와 함께 있으면 보전하리라 하니라."

　여기, 본문 23절에서 다윗의 변한 모습을 보십시오. 지금까지 다윗은 계속적으로 "두려워하여, 두려워하여, 두려워하여"라는 삶을 살아 왔읍니다. 그러나 이제 성경은 어떻게 말합니까? "두려워 말고 내게 있으라." 그가 하나님을 얻자마자 모든 것을 얻읍니다. 하나님이 내 편에 계신 그 사실을 발견하자마자 다윗은 얼마나 용기백배합니까? 다윗은 용기로 충만해서 새로운 행렬을 가다듬고 걸어가기 시작합니다.

　이제 23장으로 넘어가겠읍니다. 23장은 다윗의 전 생애를 통해서 대단히 중요한 장입니다. 1절 이하 5절의 말씀을 보겠읍니다.

"혹이 다윗에게 고하여 가로되 보소서 블레셋 사람이 그일라를 쳐서 그 타작마당을 탈취하더이다 이에 다윗이 여호와께 묻자와 가로되 내가 가서 이 블레셋 사람을 치리이까 여호와께서 다윗에게 이르시되 가서 블레셋 사람을 치고 그일라를 구원하라 하시니 다윗의 사람들이 그에게 이르되 보소서 우리가 유다에 있기도 두렵거든 하물며 그일라에 가서 블레셋 사람의 군대를 치는 일이리이까 다윗이 여호와께 다시 묻자온대 여호와께서 대답하여 가라사대 일어나 그일라로 내려가라 내가 블레셋 사람을 네 손에 붙이리라 하신지라 다윗과 그의 사람들이 그일라로 가서 블레셋 사람과 싸워 그들을 크게 도륙하고 그들의 가축을 끌어오니라 다윗이 이와 같이 그일라 거민을 구원하니라."

보십시오. 지금까지 다윗의 삶에서 그는 왜 실패했읍니까? 하나님께 묻지 않았기 때문입니다. 당신은 내 삶의 모든 환경 속에서 새로운 일이 전개될 때마다, 새로운 사역이 전개될 때마다, 새로운 사역이 시작될 때마다, 새로운 문제와 상황 속에 내가 도착할 때마다 그 문제를 끌어안고 살아계신 하나님 앞에 나와서 구체적으로 그 문제를 하나님께 물으십니까? 아니면 내 생각대로 임의대로 행하다가 정 안 되면 나중에 기도나 해볼까 하는 식으로 생각하시지는 않는지요?

다시 본문 1절에 의하면 블레셋 사람이 그일라라는 도시에 침입했음을 알 수 있읍니다. 그때 다윗은 사백 명으로 구성된 자신의 군대를 사랑하는 민족을 위해서 보낼 것인가 말 것인가에 대해 묻고 있읍니다. 그러나 다윗의 참모들은 그에게 어떻게 충고합니까? "지금 우리의 주제도 파악하지 못하고 있는데 어떻게 블레셋 사람들과 싸워서 저들을 구원한다는 말입니까 그만둡시다"라고 충고합니다. 그러나 사람들의 의견보다 하나님의 뜻이 더 중요합니다. 다른 사람이 나를, 내 행동을 어떻게 생각하느냐는 것보다 더 중요한 것은 하나님이 나를 어떻게 생각하시는가 하는 것입니다. 그래서 다윗이 그의 참모들 앞에서 어떻게 행동합니까?
"여호와께 다시 묻자온대…"
"하나님, 하나님은 이 문제에 대해서 어떻게 생각하십니까? 하나님의 뜻을 들려 주십시오. 제가 듣기를 원하는 것은 사람들의 생각이나 사람들의 주장이 아니라 하나님의 뜻, 하나님의 주장입니다." 이런 물음을 하나님께 드리고 있는 것입니다.

그렇다면 다윗이 이 시점에서 어떻게 하나님의 뜻을 분별했읍니까? 그 궁금점을 9절에서 찾겠읍니다.
"다윗이 사울의 자기를 해하려 하는 계교를 알고 제사장 아비아달
에게 이르되 에봇을 이리로 가져오라 하고."
여기에서 에봇이라는 것은, 대제사장의 가슴에 보면 흉패가 있는
데 그 흉패를 거는 옷을 말합니다. 그런데 이 흉패 안에는 우림과
둠빔이라는 것이 들어 있읍니다.
　『우림』이라는 말의 뜻은 "빛"이고, 『둠밈』이라는 말의 뜻은 "완
전"입니다. 그리고 여기에서 학자들의 두 가지 설이 있읍니다.
　한편의 학자들은 우림과 둠밈을, 즉 제사장의 흉패 안에는 검은
돌과 하얀 돌이 있었다고 생각합니다. 그래서 어떤 문제가 생기면
그 문제에 관한 하나님의 뜻을 알기 위해서 "하나님, 제가 이리로
가야 합니까? 저리로 가야 합니까?"를 묻고 그래서 검은 돌이 걸
리면 "가지 말아라", 흰 돌이 걸리면 "가라"라는 방법으로 하나님
의 뜻을 분별했을 것이라고 합니다. 지금도 중동지방에 남아 있는
관습 중에 이러한 방법이 쓰이고 있다고 합니다. 재판관이 죄인을
재판할 때에 그 죄인에게 죄가 있다고 판단되면 검은 돌을 던지고
죄가 없으면 흰돌을 던지는 방법을 사용합니다.
　또 다른 학자들은 실제로 이 제사장의 흉패 안을 통해서 역사하
시는 하나님의 특별한 능력의 방법이 있었다고 생각합니다. 그러
나 그것이 무엇인지는 아직까지 자세히 밝혀내지 못하고 있읍니
다.
　어찌되었든 분명한 사실은 이 에봇이라는 갑옷이 하나님의 뜻을
분별하는 하나의 수단과 방법으로 사용되었다는 사실입니다. 하나
님은 아직 미성숙했던 그 시절에 그런 방법을 사용하셨읍니다.

　그러나 우리는 이 부분에서 하나의 원리를 보아야 합니다. 히브
리서 1장 1절을 보면 우리가 기억해야 할 중요한 한 가지 원리를
볼 수 있읍니다. 그것은 "하나님은 어떻게 계시하시는가"하는 것에
대한 원리입니다.

"옛적에 선지자들로 여러 부분과 여러 모양으로 우리 조상들에게 말씀하신 하나님이."

이 말씀을 다시 정리하면 이렇습니다.

"구약시대에서 특별히 언약 아래에서는 하나님이 선지자를 통해서 꿈으로 또는 음성으로, 우림과 둠밈의 방법을 포함한 여러 가지 방법으로 우리 조상들에게 말씀하신 하나님이."

그러나 우리의 하나님께서 항상 그러한 방법만을 사용하시는 것은 아닙니다. 그 다음 2절이 매우 중요합니다.

"이 모든 날 마지막에 아들로 우리에게 말씀하셨으니 이 아들을 만유의 후사로 세우시고 또 저로 말미암아 모든 세계를 지으셨느니라."

역사가 무르익었을 때에 이 모든 날 마지막에. 하나님이 아들인 예수 그리스도를 세워서 우리에게 말씀하시고 이 아들을 만유의 후사로 세우시고, 또 저로 말미암아 모든 세계를 지으셨다고 말씀은 전합니다. 그리고 3절에서 "이는 하나님의 영광의 광채시요 그 본체의 형상이시라 그의 능력의 말씀으로 만물을 붙드시며…"라고 말씀합니다. 아직까지도 불완전했던 시대에 하나님은 이런 여러 가지 계시의 방편과 방법들을 사용하신 것입니다. 그러나 하나님은 하나님의 때가 왔을 때에 이 모든 불완전한 방법들을 버리고 가장 중요한 방법으로 말씀하시기 시작했읍니다. 예수 그리스도를 통해서와 또 예수 그리스도를 증거하는 말씀을 통해서입니다.

그렇다면 오늘 우리가 하나님의 뜻을 알기 위해서는 무엇을 찾아야 합니까? 물론 꿈을 꿀 때 하나님께서 그런 방법으로 역사하실 수도 있읍니다. 그러나 지금 이 시대에는 하나님께서 새로운 언약인 성경을 주신 이상 하나님은 이 성경의 말씀을 통해서 지금 우리에게 말씀하시고 계십니다. 성경 중에서 가장 마지막에 씌어진 책은 요한계시록입니다. 요한계시록의 마지막 장인 22장 18절 이하의 말씀을 보겠읍니다.

"내가 이 책의 예언의 말씀을 듣는 각인에게 증거하노니 만일 누구든지 이것들 외에 더하면 하나님이 이 책에 기록된 재앙들을 그에게 더하실 터이요 만일 누구든지 이 책의 예언의 말씀에서 제하여 버리면 하나님이 이 책에 기록된 생명나무와 및 거룩한 성에 참예함을 제하여 버리시리라"(18, 19절).

그러므로 이 말씀에서 누구든지 조금이라도 제하면 그 이름을 제하여 버리고 더하면 이 책에 있는 모든 재앙들을 더할 것이라는 이 성경을 가리켜서 우리는 "닫혀진 정경"(Canon) 이라고 말합니다. 성경은 하나라도 덧붙일 수 없습니다. 또 성경은 지금 새로 쓸 수도 없습니다. 왜냐하면 하나님은 우리의 구원과 우리의 삶을 위해서 이제는 풍족한 계시를 이 성경의 말씀을 통해서 지시하고 계시기 때문입니다. 중요한 것은 다윗이 하나님의 뜻을 분별했던 것처럼 우리도 하나님의 뜻을 분별해야 됩니다. 다윗은 에봇의 갑옷을 통해서 하나님의 뜻을 분별했지만, 오늘의 우리는 하나님의 말씀을 통해서 그 뜻을 분별할 수 있어야 합니다. 그러나 아직 끝나지는 않았읍니다.

어느 분은 이런 방법을 사용한다고 합니다. 아침에 일어나서 눈을 감고 "하나님, 오늘 제가 무엇을 해야 할지 성경을 통해서 구체적으로 가르쳐 주옵소서"라고 기도한답니다. 그리고 그 다음에 덮여진 성경을 갑자기 착 펴봅니다. 이것은 우리가 재수를 띠듯이 성경을 통해서 하나님의 뜻을 발견해 보려는 어리석음입니다. 그래서 이런 이야기가 있읍니다.

어떤 분이 앞에서 말씀드린 그런 방법으로 성경을 펼쳤읍니다. 그런데 "가룟 유다가 가서 목매어 죽었더라"는 말씀이 눈에 들어옵니다. 그래서 안 되겠다 생각하고 한 번만 다시 해보기로 결정했읍니다. 그곳에는 "너도 이와 같이 행하라"는 말씀이 보입니다. 이 사람은 아주 재수없는 날이라고 생각하고 삼세 번이니까 한 번만

더 해보자고 생각하고 성경을 다시 덮어서 탁 펼쳤읍니다. 그곳에
는 "네가 오늘 할 일을 속히 행하라"고 기록되어 있었읍니다.

　이렇게 미신적인 방법으로 하나님의 뜻을 찾으려는 행동은 옳은
것이 아닙니다. 우리는 매일같이 규칙적으로 읽고 묵상하는 성경
의 말씀이 있읍니다. 그 성경을 통해서 계속해서 말씀을 읽어 나가
면서 "주님, 이 말씀을 통해서 제 마음 속에 말씀해 주십시오"라고
기도해야 합니다. 그럴 때 성경의 어느 구절이 내 마음 속에 깊이
가르침을 주고 도전을 주고 깨달음을 주면서 '아 ! 내가 이렇게 결
정해야 하겠다'라는 생각이 떠오르게 되는 것입니다. 그것이 하나
님의 뜻을 분별할 가장 확실하고 가장 완전한 방법입니다. 중요한
것은 하나님의 뜻을 참으로 분별하여 그 뜻대로 살아가기를 원한
다는 그러한 진실된 욕구와 마음이 있는가 라는 점입니다.

　사무엘상 28장 6절에 보면 다윗과 같은 방법으로 하나님의 뜻을
찾으려고 했던 한 사람이 등장합니다.
"사울이 여호와께 묻자오되 여호와께서 꿈으로도 우림으로도 선지
자로도 그에게 대답지 아니하시므로."
사울은 하나님의 뜻을 찾고 있었읍니다. 그런데 하나님은 그에게
대답을 주시지 않습니다. 꿈을 통해서도, 우림으로도, 선지자를
통해서도 그에게 말씀하시지 않으십니다. 왜 그렇습니까 ? 사울은
지금 하나님과의 올바른 관계를 맺고 있지 못하기 때문입니다.
　그러므로 하나님의 뜻을 찾으려고 하는 사람들에게 제가 두 가
지를 강조하겠읍니다. 첫째는, 나와 하나님 사이에 올바른 관계를
맺으십시오. 죄를 자백하고 죄에서 떠나서 나와 하나님과 올바른
관계를 설정하시기 바랍니다. 둘째로, 하나님의 말씀을 읽으십시
오. 그리고 그 읽은 말씀을 통해서 하나님의 분명하신 뜻을 분별하
시기 바랍니다.
　하나님은 순종하는 다윗에게 응답하시고 불순종하는 사울에게

응답하시기를 거절하셨읍니다. 그러나 이제 변화된 다윗을 보십시오. 하나님과 올바른 관계를 맺고, 하나님의 뜻을 진지하게 묻고, 하나님의 뜻을 따라서 진행하며 그는 사백 명의 군대를 거느리고 드디어 자기 백성을 구출합니다. 그는 이 전쟁에서 최초의 승리를 얻습니다. 그리고 이 승리는 새로운 승리의 시작이었읍니다. 다윗은 훈련된 승리의 군대를 거느리고 이제 하나님이 그에게 지시하시고 인도하시는 새로운 땅을 향해서 걸어갑니다. 그는 어디로 향합니까? 그리고 무엇을 합니까? 다음 장에서 찾아보겠읍니다.

7
사울의 추적

지금까지 다윗의 생애를 연구하면서 당신에게 어떤 말씀이 그리고 어떤 부분이 찔림이 되었읍니까? 교훈이 되었읍니까? 위로가 되었읍니까? 격려가 되었읍니까?

우리는 얼마나 자주 예수를 믿는다고 하면서도 내 생각과 내 뜻대로 또 내 지혜대로 모든 일을 판단하고 결정하고 행동하는 일이 많았는지요? 그래서 얼마나 자주 저와 당신은 실패를 경험했읍니까? 얼마나 자주 우리는 쓰러졌읍니까? 얼마나 자주 우리는 낙심했읍니까? 얼마나 자주 우리의 사람들에게 상처를 입히고 내 자신에게도 상처를 입혔읍니까?

다윗의 거짓말은 자기 자신을 괴롭게했을 뿐 아니라 다른 사람들인 아히멜렉 일가족에게 살인의 비극을 안겨다 주었읍니다. 나 한 사람이 하나님과 올바른 관계를 맺지 못할 때 그것은 나 한 사람에게서 끝나지 않습니다. 그것은 내 주변에 영향을 끼칩니다. 그 사람이 지도자일수록, 그 사람이 영향력이 많은 사람일수록 오히려 주변에 악영향과 부정적인 영향을 끼칩니다.

그렇다면 당신은 어떤 사람입니까? 하나님과의 올바른 관계를 맺고 하나님의 뜻을 따라서 순종하며 움직이며 좋은 영향을 끼치고 있는 하나님의 사람입니까? 가르쳐 주십시오, 역사해 주십시오, 이것이 우리의 기도가 될 수 있기를 바랍니다.

사무엘상 24장을 계속해서 연구하겠읍니다. 다윗의 인생은 서서히 무더운 여름을 벗어나서 이제 가을을 향해서 들어서기 시작합니다. 그러나 사울왕에게 쫓기면서 도피하던 이 길고긴 박해와 고난과 슬픔의 계절은 아직도 당분간 계속되어야 합니다. 다윗은 그가 왕위에 올라 한 나라의 지도자로서 온 나라를 통치하기까지는 아직도 기다려야 할 기다림의 길이 남아 있었읍니다. 하나님께서 블레셋으로 하여금 이스라엘을 쫓게 하심으로 말미암아 사울이 자기 나라를 적으로부터 보호하기 위해서 블레셋과 대적하는 사이에 잠시 동안이지만 다윗에게 있어서 사울왕에게 계속 쫓겨다니다가 오래간만에 맞이하는 이를테면 휴식시간이었읍니다. 사무엘상 23장 28절에 보면 "이에 사울이 다윗 쫓기를 그치고 돌아와서 블레셋 사람을 치러 갔으므로…"라고 기록되어 있읍니다. 블레셋과 싸우기 위해서 잠시 동안 사울은 다윗왕을 추적하는 일을 중단합니다. 실로 오래간만에 원수의 손길에서 벗어나서 이제 다윗은 처음으로 쉬기를 시작합니다.

그동안 다윗은 얼마나 지겨운 세월들을 살아 왔읍니까? 그리고 사울왕은 얼마나 눈에 불을 켜고 다윗의 뒤를 추적해 왔읍니까? 실로 오래간만에 맞이하는 다윗의 휴식의 시간이었읍니다.

1. 다윗의 첫번째 기회

그러나 그 휴식의 시간도 오래가지는 못합니다.
24장 1절 이하의 말씀을 보겠읍니다.
"사울이 블레셋 사람을 따르다가 돌아오매 혹이 그에게 고하여 가

로되 보소서 다윗이 엔게디 황무지에 있더이다 사울이 온 이스라
엘에서 택한 사람 삼천을 거느리고 다윗과 그의 사람을 찾으러 들
염소 바위로 갈새"(1, 2절).

또 다시 사울의 지겨운 추적이 시작됩니다. 사울왕은 참 끈질기게
도 다윗을 계속 추적합니다. 사건은 어디에서 일어납니까? 1절에
보면 다윗이 그때 마침 엔게디 황무지에 있었다고 기록합니다.
"엔게디"라는 곳은 사해 가까운 곳인데 이곳은 아주 뜨거운 곳이
었읍니다. 엔게디 황무지에는 많은 굴들이 있었읍니다. 다윗은 이
무더운 폭염을 피해서 잠시 굴 속에서 휴식의 시간을 갖기 위해 엔
게디 어느 굴 속에 들어갑니다.

3절을 보겠읍니다.

"길가 양의 우리에 이른즉 굴이 있은지라."

시원하고 고요한 이 굴을 찾아서 잠시 안식과 더위를 피하기 위해
다윗이 굴 속에 들어갔읍니다.

고고학자들에 의하면 그 당시에 폭풍우를 피하기 위해서 큰 굴
들이 엔게디 황무지 주변에 많이 흩어져 있었다고 합니다. 어떤 굴
은 무려 3만 명을 수용할 정도로 커다란 굴도 있었다고 합니다. 그
러므로 이 굴이 그냥 생각하는 것처럼 조그만 굴이 아니라 굉장히
큰 굴이었을 것이라는 사실을 먼저 생각하시기 바랍니다.

"길가 양의 우리에 이른즉 큰 굴이 있는지라 사울이 그 발을 가
리우러 들어가니라 다윗과 그의 사람들이 그 굴 깊은 곳에 있더
니."

이 말씀에 의하면 사울이 다윗이 있는 굴에 왜 들어갔읍니까? 쉬
러 갔다는 말을 무어라고 말합니까? 발을 가리우러 갔다고 합니
다. 이 말은 히브리적인 표현입니다. 이스라엘 사람들은 "쉬러 간
다, 잠시 낮잠자러 간다"고 말할 때에 「발을 가리우러 간다」고 말
합니다. 그런데 그때 마침 사울이 들어간 굴 속에 다윗과 그의 사
람들도 그 굴 깊은 곳에 있었다고 말씀은 전합니다. 원수를 외나무

다리가 아니라 굴 속에서 만난 것입니다. 다윗의 전 생애를 통해서 최고의 드라마가 바야흐로 이 시간에 전개되려고 합니다. 다윗과 사울이 한 굴 속에서 만납니다. 그렇게도 다윗의 목숨을 지금까지 추적하여 왔던 사울왕 ! 그리고 사울왕에 의해서 그렇게도 못견디도록 괴로움을 받아 왔던 다윗 ! 이제 다윗은 자기의 원수를 이 굴 속에서 맞이하게 됩니다. 물론 사울은 다윗이 이 굴 속에 있는 것을 모르는 상태였읍니다.

4절을 보겠읍니다.
"다윗의 사람들이 가로되 보소서 여호와께서 당신에게 이르시기를 내가 원수를 네 손에 붙이리니 네 소견을 선한 대로 그에게 행하라 하시더니 이것이 그 날이니이다 다윗이 일어나서 사울의 겉옷자락을 가만히 베니라"(4절).
다윗의 부하들이, 다윗의 사람들이 지금 이렇게 말하는 것입니다. "보십시요. 여호와 하나님께서 당신에게 이르시기를, 내가 원수를 네 손에 붙이리라 하지 않았읍니까. 드디어 그 원수를 손에 붙이시는 이 놀라운 날이 찾아온 것입니다. 원수를 갚을 수 있는 절호의 기회가 찾아온 것입니다."
바야흐로 다윗은 이제 사울왕의 목숨을 취할 것인지 말 것인지를 결정해야 할 순간이 왔읍니다. 다윗이 있는 줄 모르고 굴 속에 들어온 사울은 깊은 잠에 빠졌읍니다. 다윗은 얼마든지 사울을 죽일 수 있는 절호의 기회였읍니다. 이성적으로 추리해서 "부하들이 말한 것처럼 하나님이 나에게 정말 이 사울왕을 죽일 기회를 주셨다"고 얼마든지 해석할 수 있는 환경입니다.

다윗은 아마도 몇 가지 이성적인 추론을 할 수 있었을 것입니다.
첫째로, 하나님은 이미 다윗에게 앞으로 다윗이 왕이 된다는 사실을 가르쳐 주셨읍니다. 이미 다윗을 기름부어 그가 왕이 될 사실을 알려 주셨읍니다. 그러므로 "아 ! 이제 이런 방법으로 나에게 왕이 되게 하시는구나"라고 생각할 수 있었을 것입니다.

둘째로, 사울은 이미 울고 있는 새에 불과한 것입니다. 다윗은 점점 인기가 높아져 가지만 사울왕은 이제 몰락을 향해서 치닫고 있습니다. 사울의 폐위는 이제 시간문제요 이미 결정되어진 일이었습니다. 그러므로 이렇게 해서 하나님이 나에게 왕위를 주시는구나 라고 생각할 수가 있는 것입니다.

오늘날 우리에게도 종종 다윗이 처해 있던 환경과 유사한 환경이 올 수 있습니다. 그때 언제나 우리에게 문제되는 것이 있습니다. 그것은 우리에게 주어지는 환경을 어떻게 해석하느냐 하는 것입니다.

다윗의 부하들은 그에게 어떻게 충고합니까? 충고할 때에 그들은 성경 말씀까지 인용하면서 이것이 하나님의 뜻이라고 하나님의 계획이라고 이야기합니다. 다윗은 그 말을 받아들여서 한칼로 모든 상황을 끝내 버릴 수 있었습니다. 모든 상황을 다 막을 내릴 수 있었습니다.

그러나 여기에서 우리는 중대한 질문을 던져야 합니다.

기회는 모든 것을 허용하는가?

우리에게 어떤 좋은 기회가 주어진다고 해서 우리가 그 기회를 마음대로 사용할 수 있는 것인가?

오늘날 우리 시대의 모든 철학은 "그렇다. 기회는 모든 것을 허용한다. 기회를 잡아라"고 말합니다. 이것이 우리를 둘러싸고 있는 세상의 철학입니다. 이것은 성공주의의 이름으로, 적극주의의 이름으로, 결과주의의 이름으로 우리를 향해서 다가옵니다.

그렇다면 성공의 기회가 내게 주어졌을 때 그것이 어떤 한 상황이든지, 어떠한 환경이든지, 그리스도인들의 윤리와 도덕이 어떠하든지 간에 이 기회를 붙잡고 성공하기 위해서는 우리가 무엇이라도 할 수가 있다는 말입니까?

다윗은 자기의 성공을 위해서 출세를 위해서 사울왕의 목숨을
빼앗는 것으로 그 기회를 사용하지 않았습니다. 왜냐하면 그것이
아무리 하나님의 뜻에 의해서 자기에게 주어진 기회같이 보인다
할지라도 사람을 죽이는 것은 여전히 살인하지 말라는 하나님의
명백한 계명을 위반하는 것이기 때문입니다.

그러나 우리 시대는 목적은 얼마든지 수단을 정당화할 수 있다
는 식으로 우리를 향해서 도전해 옵니다. 과연 우리는 올바른 목적
을 위해서 어떤 수단이라도 사용할 수 있는지요? 내가 돈을 벌 수
만 있다면, 출세할 수만 있다면, 권력을 얻을 수만 있다면, 내가
다른 사람들 앞에 인기를 모을 수만 있다면, 아니 우리 교회를 성
장시키는 길만 있다면 어떤 수단도 어떤 방법도 가능할 수 있습니
까? 아닙니다. 그것은 그리스도의 철학이 아닙니다. 우리가 올바
른 목표를 설정했다면, 모름지기 우리의 수단도 성경적인 수단,
성경적인 방법을 따라야 합니다.

1) 다윗의 행동

다윗은 사울을 향해서 어떤 행동을 취합니까? 죽이지는 않고 사
울의 겉옷자락을 가만히 베기만 했습니다. 그러나 이 겉옷자락을
가만히 벤 사실도 그에게는 걸림이 되었습니다.

5절 이하의 말씀을 보겠습니다.
"그리한 후에 사울의 옷자락 벰을 인하여 다윗의 마음이 찔려 자기
사람들에게 이르되 내가 손을 들어 여호와의 기름부음을 받은 내
주를 치는 것은 여호와의 금하시는 것이니 그는 여호와의 기름부
음을 받은 자가 됨이니라 하고"(5, 6절).
그는 겉옷자락을 살짝 벤 것까지 후회했습니다. 얼마나 다윗은 부
드러운 영성과 민감한 양심을 가지고 있었던 사람입니까? 우리가
하나님과 올바른 관계를 맺고 성령 안에서 살 때에 우리에게 일어
나는 삶의 변화는 바로 그런 것입니다. 주께서 내 마음 깊은 곳에

서 옳은 것과 그른 것을 구별할 수 있는 민감한 영성을 허락해 주십니다.

히브리서 5장 14절에 보면 영적으로 장성한 성도의 모습을 성경의 기자가 이렇게 증언합니다.
"단단한 식물은 장성한 자의 것이니 저희는 지각을 사용하므로 연단을 받아 선악을 분변하는 자들이니라"(5 : 14).
단단한 식물도 소화할 수 있는, 단단한 고기도 소화시킬 수 있는 장성한 사람, 이것은 영적으로 성숙한 성도를 말합니다. 영적으로 성숙한 성도들은 지각을 사용하므로 연단을 받아 훈련되어서 마침내 선과 악을 분별할 수 있는 사람들입니다. 우리는 "도대체 하나님의 뜻을 어떻게 분별할 수가 있읍니까?"라는 질문을 많이 하며 또한 질문을 많이 받기도 합니다. 그러나 우리가 하나님의 뜻을 분별하기 위한 이야기를 하기 전에 가장 중요한 한 가지 전제가 있어야 합니다. 그것은 나는 하나님과 올바른 관계를 맺고 있는가, 또 나는 이 모든 것을 분별할 수 있을 정도로 성숙되어 있는가 라는 점입니다. 때때로 우리는 어린아이에게 아무리 올바른 것과 그른 것을 이야기해도 그들이 분별치 못하는 것을 봅니다. 그러나 그들은 장성하면서 분별하기 시작합니다. 마찬가지로 내가 영적으로 장성할 때 나는 비로소 내 주변의 모든 것을 판단할 수 있는 분별력을 갖게 됩니다.

그런 의미에서 다윗은 참 민감한 분별력의 축복을 받았읍니다. 그러니까 웬만큼 양심이 무딘 사람같으면, 내가 옷자락 하나 벤 것 정도로 사울을 봐줬으면 얼마나 크게 봐줬느냐고 말할 수 있었을 것입니다. 그리고 나는 얼마나 성자인가 라고 하며 자기를 얼마든지 정당화할 수 있었을 것입니다. 그러나 옷자락 하나 벤 것까지도 그는 양심의 가책과 찔림을 받기 시작했읍니다. 그만큼 그는 분별력이 뛰어났던 사람인 것을 우리는 알 수 있읍니다.

그러나 오늘 우리 시대의 사람들의 양심은 어디에 갔읍니까? 바울 사도는 그 시대 사람들의 무딘 양심을 가리켜서 그들의 양심이 화인을 맞았다고 말하지 않았읍니까? 화인맞은 양심! 다 불타 버렸읍니다. 그런 의미에서 다윗은 축복된 사람입니다. 그리고 그는 과연 하나님의 마음에 합한 사람이라고 불리움을 받을 수 있는 하나님의 사람이라는 것을 성경을 통해서 알 수 있읍니다.

2) 사울의 반응

이러한 다윗의 태도는 사울왕에게 어떤 반응을 가져왔읍니까?
　7절을 보십시오.
"다윗이 이 말로 자기 사람들을 금하여 사울을 해하지 못하게 하니라 사울이 일어나 굴에서 나가 자기 길을 가니라"(7절).
다윗은 자기만 그런 것이 아니라 자기의 부하에게도 사울왕을 해하지 못하도록 분부합니다.
　이제 8절 이하의 말씀을 보겠읍니다.
"그 후에 다윗도 일어나 굴에서 나가 사울의 뒤에서 외쳐 가로되 내 주 왕이여…다윗이 왕을 해하려 한다고 하는 사람들의 말을 왕은 어찌하여 들으시나이까…내 손에 있는 왕의 옷자락을 보소서 내가 왕을 죽이지 아니하고 겉옷자락만 베었은즉 나의 손에 악이나 죄과가 없는 줄을 아실지니이다…여호와께서는 나와 왕 사이를 판단하사 나를 위하여 왕에게 보복하시려니와 내 손으로 왕을 해하지 않겠나이다"(8~11절).
이 다윗의 태도는 얼마나 아름답습니까?

　계속되는 13절 이하의 말씀을 보겠읍니다.
"옛 속담에 말하기를 악은 악인에게서 난다 하였으니 내 손이 왕을 해하지 아니하리이다 이스라엘 왕이 누구를 따라 나왔으며 누구를 쫓나이까 죽은 개나 벼룩을 쫓음이니이다 그런즉 여호와께서 재판

장이 되어 나와 왕 사이에 판결하사 나의 사정을 살펴 신원하시고
나를 왕의 손에서 건지시기를 원하나이다…사울이 가로되 내 아들
다윗아 이것이 네 목소리냐 하고 소리를 높여 울며 다윗에게 이르
되 나는 너를 학대하되 너는 나를 선대하니 너는 나보다 의롭도다
네가 나 선대한 것을 오늘 나타내었나니 여호와께서 나를 네 손에
붙이셨으나 네가 나를 죽이지 아니하였도다 사람이 그 원수를 만
나면 그를 평안히 가게 하겠느냐 네가 오늘날 내게 행한 일을 인하
여 여호와께서 네게 선으로 갚으시기를 원하노라 보라 나는 네가
반드시 왕이 될 것을 알고 이스라엘 나라가 네 손에 견고히 설 것
을 아노니…"

3) 다윗이 주는 교훈

자기 원수까지도 감동시킨 이 다윗의 아름다운 행동! 여기에서
우리는 무엇을 배울 수가 있읍니까? 다윗은 어떻게 이런 행동이
가능할 수 있었읍니까? 우리는 여기에서 다윗이 이렇게 행동할
수 있었던 배경 중 3가지에 주목할 필요가 있읍니다.

  첫째로, 그는 어느 상황에서나 하나님을 바라보았읍니다.
주변사람들은 사울을 죽이는 것이 하나님이 주신 기회라고 충고했
읍니다. 그러나 다윗은 사람들의 말만 듣고 행동하지 않았읍니다.
"하나님, 하나님은 어떻게 생각하십니까?"라고 묻고 있는 다윗!
그는 어떤 상황에서나 어떤 환경에서나 하나님을 바라볼 수 있는
안목을 가지고 있었읍니다.
  생각해 보십시오. 우리는 얼마 만큼 우리에게 주어진 모든 상황
속에서 하나님을 바라보고 행동하는지요? 그는 하나님을 바라보
는 훈련이 되어 있었읍니다.

둘째로, 그는 자기의 위치를 고수했습니다.

그가 앞으로 왕이 될 것은 분명한 사실이지만 아직은 왕이 되지 않았습니다. 그는 제자리를 지킨 것입니다. 성경 전체를 보면 하나님이 가장 좋아하시지 않는 것 중에 하나가 있습니다. 그것은 자기의 위치를 저버리는 것입니다. 사단의 타락은 그리고 악한 천사의 범죄는 자기 위치를 지키지 아니함에 있었습니다. 오늘날 소위 교회에서 일어나는 많은 문제도 마찬가지입니다. 우리 한 사람 한 사람이 하나님이 주신 그 자리에 겸손히 설 줄 안다면 얼마나 우리 교회는 영광스러운 복음을 위해서 한마음이 되어 전진할 수 있을까요?

유다서 6절을 보겠습니다.

"또 자기 지위를 지키지 아니하고 자기 처소를 떠난 천사들을 큰 날의 심판까지 영원한 결박으로 흑암에 가두셨으며."

옛적에 에덴동산에 유혹자가 찾아와서 처음 하와에게 어떻게 속삭였습니까? 선악을 알게 하는 나무의 열매를 먹으면 눈이 밝아서 하나님과 같이 되리라고 속삭였습니다. 이것은 우리가 피조물이라는 그 사실을 망각하도록 유도한 것입니다. 피조물은 언제나 피조물의 자리에 머물러 있어야 합니다. 기차는 기차의 궤도 위에서만 비로소 자유로울 수 있습니다. 공중의 나는 새는 공중에서만 자유롭게 날아다닐 수 있습니다. 고기는 물 속에서만 자유로울 수 있습니다. 물에 사는 고기가 "나는 왜 항상 여기서 수영만 하고 살아야 하나. 나도 육지에 가서 살아 보자"라고 말하고 육지로 올라와 살 수는 없습니다. 그것은 하나님의 창조의 원리를 범하는 것입니다. 우리도 마땅히 하나님이 나를 어디에 두셨는가를 깨달아야 합니다. 주제파악을 해야 합니다. 그리고 내가 서야 할 그 자리에 바르고 견고하게 서 있지 않으면 안 됩니다. 피조물이 하나님이 되려고 했을 때 그때부터 모든 문제가 발생했습니다. 피조물은 피조물의 자리에 머물러 있어야 합니다.

우리가 믿지 않는 사람들에게서 귀가 따갑게 받는 질문이 있읍니다. 그것은 하나님은 그것을 따먹을 것을 아시면서 왜 선악을 알게 하는 나무의 열매를 만들어 놓으셨는가 라는 질문입니다. 이 대답을 하기 위해서 제가 14년을 고민했읍니다. 대부분 이렇게 대답하면 사람들이 긍정을 합니다. 다른 대답으로는 만족을 못합니다. "하나님이 인간을 창조하셨을 때에 인간을 피조물로 지으셨읍니다. 그러므로 그가 모든 것을 다 할 수 있는 것이 아닙니다. 그가 하지 말아야 할 일도 있읍니다. 해서는 안 될 일도 있읍니다. 그 사실을 하나님은 창조의 언덕에서부터 분명하게 만들어 놓으셨읍니다."

그렇습니다. 이 열매는 선악을 알게 하는 나무의 열매로서, 이것을 따먹지 말라는 말씀을 통해서 하나님은 인간에게 피조물이라는 사실을 알도록 하신 것입니다. 그러나 역사의 언덕에서 인간은 피조물의 자리를 망각하고 떠나려고 했읍니다. 가정의 비극은 남편이 남편의 자리를, 아내가 아내의 자리를, 자녀가 자녀의 자리를 망각할 때 자기의 위치를 떠나기 시작할 때 발생됩니다. 그러나 다윗은 자기의 위치, 자기가 서야 할 위치를 분명히 알고 있었읍니다.

세째로, 다윗은 기다릴 줄 아는 사람입니다.
이 점이 참 아름답습니다. 그는 때를 기다렸읍니다. 주님이 나를 왕으로 불러 주셨고 왕으로 삼기를 원하신다면 내가 하나님과 올바른 관계를 맺고 주님 앞에서 바르게 살면 어느 때인가 반드시 주님의 방법으로 주님의 때에 기회를 주실 것이라는 사실을 믿고 기다렸읍니다. 우리는 얼마나 자주 기다리지 못합니까? 우리는 다윗의 시편들을 통해서 다윗이 기다림의 훈련을 잘 받았던 것을 볼 수 있읍니다. 이 기다림은 믿음입니다. 기다린다는 것은 믿음입니다. 믿기 때문에 기다립니다. 하나님의 섭리를, 하나님의 계획을, 하나님의 놀라운 섭리를 신뢰하기 때문에 기다릴 수 있는 것입니다. 기다림은 곧 신뢰를 뜻합니다.

시편 37편 7절 말씀을 보겠읍니다.
"여호와 앞에 잠잠하고 참아 기다리라 자기 길이 형통하며 악한 꾀를 이루는 자를 인하여 불평하여 말지어다."
이 시는 다윗이 지은 시입니다. 다윗은 이 기다림의 훈련을 받았던 사람입니다. 악한 사람이 잘되는 것, 악한 사람이 기세등등하게 설치는 것을 보고 불평하지 마십시오. 참고 기다리며 공의로우신 하나님을 신뢰하십시오. 야훼 하나님을 신뢰하십시오. 하나님은 하나님의 때에 하나님의 계획을 이루실 것이기 때문입니다. 시편 123편에서 성전에 올라가며 노래하던 다윗의 시 한 구절을 보겠읍니다.
"하늘에 계신 주여 내가 눈을 들어 주께 향하나이다 종의 눈이 그 상전의 손을 여종의 눈이 그 주모의 손을 바람같이 우리 눈이 여호와 우리 하나님을 바라며 우리를 긍휼히 여기시기를 기다리나이다"(시편 123 : 1~2).
우리 하나님의 긍휼과 섭리와 역사를 기다리던 그는 기다림의 훈련을 받았던 사람입니다.

당신은 삶 가운데 억울한 일이 있읍니까? 서러운 일이 있읍니까? 안타까운 심정을 가지신 이가 계십니까? 오해받으신 일이 있읍니까? 나를 둘러싼 환경이 꼬이는 일이 있읍니까? 그래서 가슴이 터지는 아픔이 있읍니까? 그렇다면 이 주어진 모든 환경에서 다윗이 취했던 이러한 신앙적 태도의 원리를 붙잡으십시오. 다윗은 마땅히 성도가 취할 성도다운 삶의 태도로 인하여 이 환경을 훌륭히 극복할 수 있었던 사람입니다.

4) 사울이 다윗을 인정함

사무엘상 24편의 마지막 부분에서 참으로 감동적인 사실이 있습니다. 이제는 사울이 자신이 망했다는 사실을 자기 입으로 인정한다는 것입니다. 그는 인정했을 뿐만 아니라 자신의 후손을 잘 봐달라는 부탁까지 합니다. 이렇게 사울이 다윗에게 자기 후손까지 부탁할 마음이 일어났던 것은 왜입니까? 그것은 그가 다윗을 그렇게 못살게 굴었음에도 불구하고 다윗을 믿고 있었던 까닭입니다. 참 아이러니칼한 사실이지만 사울은 다윗을 믿었읍니다. 비록 죽이려고 했지만 내가 부탁하면 내 후손까지 지켜주리라고 믿었읍니다. 원수까지 감동시킨 다윗의 성실한 인격의 아름다움을 바라보십시오. 원수까지 감동시켰읍니다.

당신은 원수를 감동시킨 적이 있습니까? 우리의 삶의 시간, 인생의 계절에서 때때로 밥맛떨어지는 사람을 만납니다. 그러나 이것은 중대한 기회입니다. 이 축복을 감사할 줄 알아야 합니다. 이때야말로 내가 미움을 사랑으로 바꾸는 놀라운 훈련을 받을 수 있는 시간입니다.
"주여, 저 꼴도 보기싫은 사람에게 무한한 애정을 퍼부을 수 있도록 내 마음 속에 사랑이 넘치는 하나님의 영을 부어 주시옵소서."
이렇게 기도해 보셨읍니까? 우리 주변에서 그리스도인의 존재를 괄시하고, 우리들이 가진 참 신앙에 대해서 동의하지 않고, 우리를 싸늘한 눈초리로 쳐다보고 있는 사람들을 봅니다. 이때 신용을 받을 수 있는 그리스도인들이 얼마나 아쉽습니까?

한국 기독교 내에 불행한 사실이 있습니다. 그것은 그리스도인들이 점점 많아짐에도 불구하고 사회에서 믿을 수 있는 신뢰성과 신용은 점점 떨어지고 있는 현실입니다. 이것을 우리가 어떻게 진단해야 좋을지 모르겠습니다. 우리 한국인들이 일전에『타임』지에 난

기사를 보고 무척 흥분한 일이 있었읍니다.『타임』지의 한 페이지에
우리가 간과할 수 없었던 기사가 실려 있었읍니다.
"교회가 많다. 로스앤젤레스에…그럼에도 청소년 범죄는 많아진
다. 한국 청소년들…"
한국 기독교가 물량적인 확대를 추구하면서도 하나님의 말씀에 붙
잡힌 바된 거룩한 인격의 감동을 상실한 이 아픔을 우리는 하나님
앞에서 회개해야 합니다. 너나 할 것 없이 교회적으로 우리 모두가
회개해야 합니다. 이 세상으로부터 신뢰를 받을 수 있는 강한 인격
적인 증거를 상실했던 이 비극을 우리는 하나님과 이 세상과 조국
과 이 세계 앞에서 회개하지 않으면 안 됩니다.

   사도행전에 나타나는 초대교회 그리스도인들의 삶은 어떠했읍
니까? 사도행전을 계속 읽어 보면 가장 훌륭했던 그리스도인들은
1세기의 그리스도인들인 것을 알 수 있읍니다. 그들은 세상 사람
들과의 관계에서 핍박을 많이 받았읍니다. 그러나 핍박을 많이 받
으면서도 동시에 또 하나 받은 것이 있읍니다. 그것은 칭송입니
다. 이것을 잊지 마십시오.
   사도행전 2장 47절을 보겠읍니다.
"하나님을 찬미하며 또 온 백성에게 칭송을 받으니 주께서 구원받
은 사람을 날마다 더하게 하시니라."
우리는 사도행전을 통해서 이 칭송이라는 낱말을 계속해서 발견
할 수 있읍니다. 박해는 물론이려니와 칭송도 많이 받았읍니다.
그러니까 1세기의 불신자들은 예수믿는 사람들을 핍박하면서도 동
시에 그들이 도저히 부인할 수 없었던, 그리스도인들 안에 있었
던, 순결하고 아름답고 변화된 거룩한 인격적 특질을 보았던 것입
니다.

   그렇다면 정상적인 그리스도인의 삶의 모습은 어떠합니까? 세
상 사람들과의 관계에서 그리스도인들의 정상적인 삶의 모습은 어

떠할까요? "핍박과 칭송을 동시에 받는 역학적 긴장 속에 삶을 살아가는 사람들!" 이렇게 정의하고 싶습니다. 우리가 밤낮 핍박만 받는다면, 내 생활을 칭찬하는 사람이 하나도 없다면, 무엇인가 잘못된 것입니다. 어떤 사람은 남이 욕하면 욕할수록 자기가 주님을 위해서, 정의를 위해서 핍박을 받고 있다고 좋아하는 사람이 있읍니다. 그러나 주변의 사람들이 다 내게 손가락질할 때 깊이 자신을 바라보아야 합니다. 무엇이 잘못되어 있는지 근본적으로 자기 자신을 살펴볼 필요가 있읍니다. 그러나 전혀 핍박도 안 받고 밤낮 칭송을 받는 것도 문제가 있읍니다. 우리가 진리를 위해서 올바른 자리에 설 때 반드시 불의한 사람들에게서 핍박이 옵니다. 혹시 내게 핍박이 전혀 없다면 내가 적당히 타협하면서 모든 사람을 기쁘게 하면서 살아가는 뼈없는 사람이 아니지요? 그래서 정상적인 그리스도인은 세상과의 관계에서 핍박도 칭송도 받는 사람이라고 정의할 수 있읍니다. 이 두 가지가 정상적인 그리스도인의 삶의 모습입니다.

2. 다윗의 두번째 기회

이제 사무엘상 26장 1절 이하의 말씀을 보겠읍니다.
"십 사람이 기브아에 와서 사울에게 이르러 가로되 다윗이 광야 앞 하길라산에 숨지 아니하였나이까 사울이 일어나 십 황무지에서 다윗을 찾으려고 이스라엘에서 택한 사람 삼천과 함께 십 황무지로 내려가서 광야 앞 하길라산 길가에 진치니라 다윗이 황무지에 있더니 사울이 자기를 따라 황무지로 들어옴을 깨닫고."
24장에서 사울은 "네가 앞으로 왕이 될 것이다. 그때 내 후손까지 부탁한다. 그리고 네가 나를 살려 준 사실을 기억하겠다"라고 말했읍니다. 사울이 회개하는 것 같아 보였읍니다. 그런데 26장의 본문에 보니 사울이 또다시 다윗의 목숨을 찾아 나섭니다. 그는 아직도 회개하지 않았읍니다. 물론 그는 뉘우치기는 했읍니다. 그러나 잠시뿐이었읍니다.

　불행한 사실은 오늘날도 많은 사람들이 회개한다고 했지만 "회"만 하고 "개"는 하지 않는다는 것입니다. "내가 잘못했구나. 너무 했구나. 행동을 바꿔야지" 하고 뉘우치기는 했읍니다. 그러나 바뀌지는 것이 없읍니다. 참된 회개가 없이는 또다시 그 행동이 반복될 수밖에 없읍니다. 그래서 두번째로 또 한 번 다윗의 목숨을 노리는 사울의 모습을 볼 수 있읍니다.

　그러나 본문 6절 이하 12절에 보면 하나님이 다윗에게 다시 사울을 해할 수 있는 기회를 주십니다.
"다윗과 아비새가 밤에 그 백성에게 나아가 본즉 사울이 진 가운데 누워 자고 창은 머리 곁 땅에 꽂혔고 아브넬과 백성들은 그를 둘러 누웠는지라 아비새가 다윗에게 이르되 하나님이 오늘날 당신의 원수를 당신의 손에 붙이셨나이다… 다윗이 아비새에게 이르되 죽이지 말라 누구든지 손을 들어 여호와의 기름부음을 받은 자를 치면 죄가 없겠느냐 또 가로되 여호와께서 사시거니와 여호와께서 그를 치시리니 혹 죽을 날이 이르거나 혹 전장에 들어가서 망하리라… 너는 그의 머리 곁에 있는 창과 물병만 가지고 가자 하고."
두번째 기회가 또 찾아왔읍니다. 다윗이 사울의 목숨을 완전히 끝낼 수 있는 기회가 또 한 번 주어졌읍니다. 시간은 아직 야심삼경이었읍니다. 사울의 모든 군대들은 깊이 잠들어 있었는데 그 잠은 하나님께서 주신 잠이었읍니다. 그때 다윗이 자기 참모를 데리고 사울의 막사를 들어왔읍니다. 사울은 깊이 잠들어 있읍니다. 이때 다윗의 참모 아비새는 무엇이라고 충고합니까?
"옛날에 사울을 왜 그냥 놔두었읍니까? 한 번이면 끝납니다."
아비새의 이만한 충고면 다윗은 이제 그 충고를 받아들일 수도 있었을 것입니다. 아비새의 충고는 어느 정도 이해할 만한 발언입니다.

1) 다윗의 행동

그러나 이번에도 다윗은 어떤 반응을 보였읍니까? 9절 이하를 보십시오.

"다윗이 아비새에게 이르되 죽이지 말라 누구든지 손을 들어 여호와의 기름부음을 받은 자를 치면 죄가 없겠느냐…여호와께서 사시거니와 여호와께서 그를 치시리니 혹 죽을 날이 이르거나 혹 전장에 들어가서 망하리라"(9~10절).

다시 말하면 여기에서 다윗이 말하는 것을 두 가지 말로 정리할 수 있읍니다.

첫째는, 내가 사울왕을 죽이는 것은 여전히 부당한 일이라는 것입니다. 왜냐하면 살인하면 안 되는 것이 하나님의 명령이기 때문입니다.

둘째로, 그것은 불필요한 일이라는 것입니다. 만일 그 사람이 잘못되었으면 하나님이 처리하실 것이기 때문입니다.

이것은 신약에서도 여전히 적용되는 원리입니다. 로마서에 보면 바울 사도가 무엇이라고 증언합니까? 하나님의 진노하심에 맡겨 두라고 증언합니다. 그러나 얼마나 자주 우리는 하나님의 자리를 취하려고 합니까? 제 말을 잘 이해해 주십시오. 심판과 복수는 언제나 하나님이 하시는 고유한 영역에 속합니다. 심판과 복수는 하나님만이 하실 수 있는 하나님의 고유한 영역에 속합니다. 그런데 내가 심판하고 내가 복수하려고 하면 그것은 누가 해야 할 일을 월권하는 것입니까? 하나님이 하실 일을 내가 하고 있는 것입니다. 주께 맡기시기를 바랍니다. 우리 주님한테 모든 것을 다 맡기시기 바랍니다. 여기에서 우리는 우리의 원수를 대하는 몇 가지 원리를 규정짓고 싶습니다. 먼저 이 원수란 도대체 어떤 사람을 가리킵니까?

제가 한국에서 버스를 탔는데 제 옆좌석에 스님 한 분이 계셨읍니다. 그래서 그 스님하고 참 재미있는 대화를 나누어 본 일이 있읍니다. 저는 속으로 '내가 성경을 보면 이 양반이 내게 말을 걸겠지. 그러면 전도 한번 해보자'라고 생각하고, 약간은 의도적으로 성경을 읽었읍니다. 그랬더니 스님이 저를 바라보면서 "기독교를 믿으시오?"라고 말을 합니다. 그래서 그렇다고 대답을 하니까, 스님이 "기독교에서는 원수를 사랑하라고 하지 않소"라고 말합니다. 그래서 그렇다고 했더니 "우리 불교에서는 아예 원수가 없소"라고 합니다. 그래서 제가 『스님, 그럼 제가 질문 하나 하겠읍니다. 아주 솔직하게 대답해 주십시오』라고 말했읍니다. 그 분이 질문하라고 그럽니다.

『스님은 인생을 살면서 옆에 아주 꼴보기 싫은 사람, 밥맛없는 사람, 아주아주 스님을 괴롭게 해서 만나기도 싫고 생각하기도 싫고 나가 죽었으면 좋을 사람, 그런 사람이 있읍니까, 없읍니까?』
"그야 있지요"라고 스님이 말합니다. 그래서 제가 이렇게 대답했읍니다.

『그게 원수입니다. 우리는 원수가 있는데도 없다고 속이는 것이 아니라, 있는 것을 있다고 말하고 그를 어떻게 사랑하는 것인가 하는 거기에서부터 살아갑니다.』
그랬더니 그 분이 아무 소리도 안 합니다.

그렇습니다. 있는 것은 있는 것입니다. 그 사실을 우리는 솔직히 수용할 필요가 있읍니다. 그리고 지금부터 시작해서 어떻게 그들을 사랑할 것인가를 생각해야 합니다.

2) 다윗이 주는 교훈

우리가 다윗을 통해서 배울 수 있는 몇 가지 원리를 정리하겠읍니다.

첫째로, 모든 인간은 하나님의 형상대로 지음을 받았읍니다.
다시 말하면 사람을 하나님이 지으신 사람으로 보아야 한다는 이
야기입니다. 특별히 하나님이 쓰시는 사람이야 말한 나위가 있겠
읍니까? 모든 사람은 하나님이 쓰시는 사람입니다. 야고보서에
중요한 원리가 하나 있읍니다. 야고보서 3장에는 "혀 조심"에 대한
교훈이 계속됩니다. 그러다가 8절에 보면 "혀는 능히 길들일 사람
이 없나니 쉬지 아니하는 악이요 죽이는 독이 가득한 것이라"는 말
씀이 기록되어 있읍니다. 이 말씀은 참 얼마나 진리입니까? 사실
이 혀가 세상에서 제일 다스리기 힘든 것 같습니다.

   계속되는 9절을 보십시오.
"이것(혀)으로 우리가 주 아버지를 찬송도 하고 또 이것(혀)으로
하나님의 형상대로 지음을 받은 사람을 저주하나니."
하나님의 형상대로 지음을 받은 사람을 저주한다는 이 말씀에서
우리는 우리가 저주하고 싶은 어떤 사람도 다 하나님의 작품이라
는 것을 알 수가 있읍니다. 하나님의 형상대로 지음받은 하나님의
작품! 그러므로 당신이 정말 보기 싫은 사람을 보게 될 때에
"저 인간도 하나님이 만드셨다"는 것을 인정하시고 거기에서부터
시작해야 합니다. 그 사람도 하나님이 만드셨다고 할 때 그 사람을
괄세하면 그 사람을 만드신 하나님을 모독하는 결과를 낳습니다.
그러므로 우리가 보기에 아무리 형편없어도 하나님의 형상대로 지
음을 받은 인간이라는 것을 기억하십시오. 특별히 하나님이 사용
하고 있는 사람을 조심해서 대할 필요가 있읍니다.

**둘째로, 그는 언제나 권위를 존중할 줄 아는 자리에 서 있었
읍니다.**
그는 권위를 존중할 줄 알았읍니다. 저는 개인적으로 이렇게 생각
합니다. 미국 사회가 앞으로 망한다면 그것은 이 권위에 대한 존중
을 배우지 못했기 때문이라고 봅니다. 오늘 문제 있는 가정을 가만
히 보십시오. 그 가정에는 권위가 없읍니다. 어느 심리학자들은

오늘날 문제아들이 생기는 가정에서 크게 결핍되어 있는 것 하나는 그 가정에 아버지의 이미지가 없다는 것이라고 지적합니다. 아버지의 이미지가 없습니다. 존경할 수 있는 권위가 없습니다. 존경을 잃어버리고, 존중을 잃어버리고 있습니다. 그리고 그 결과는 혼란밖에 없습니다. 수라장밖에 없습니다. 그러나 우리는 그 사람이 모자라도 그 사람이 결함이 많아도 하나님이 세우신 지도자로서 인정할 줄 아는 슬기와 지혜가 필요합니다. 나 자신의 유익을 위해서 그리고 공동체의 이익을 위해서 지도자의 권위를 존중해 주시기 바랍니다.

세째로, 그는 언제나 억울한 일을 당할 때 그 일을 자기 성숙의 기회로 삼았습니다.

그 기회를 자기 성숙의 기회로 삼았습니다. 다윗은 이렇게 자기를 죽이려고 하는 사울왕을 향해서도 하나님의 사람답게 바른 태도를 취함으로써 그의 인격은 점점 하나님에 의해서 아름다워질 수 있었습니다. 다시 말해서 그는 훈련받고 있는 것입니다. 당신은 산상수훈에서 주님이 원수를 사랑하라는 말씀을 하시면서 그 장의 마지막이 어떻게 끝났는지 아십니까?

마태복음 5장 48절을 보십시오.

"그러므로 하늘에 계신 너의 아버지의 온전하심과 같이 너희도 온전하라."

그러므로 내 주변에 이같이 원수가 있다는 것은 다 나에게 있어서는 예수 그리스도의 온전한 인격을 닮아갈 수 있는 중요한 기회라는 것을 믿으십시오. 그러면서 우리는 용서하는 인격이 되고, 사랑할 줄 아는 인격이 되고, 인내하는 인격이 될 수 있습니다. 그래서 우리 주변에는 항상 그런 사람이 있게 마련인지도 모릅니다. 그러나 그들을 통해서 하나님은 내 인격을 만드십니다. 이 모든 사람들을 통해서 주께서 내 인격을 만드십니다. 그러므로 억울한 일을 당할 때, 이것을 자기 성숙의 위대한 기회로 삼으십시오.

네째로, 그는 하나님의 말씀에 근거해 행동했읍니다.
죽이는 것은 하나님의 말씀에 근거한 수단이 아닙니다. 그래서 그
는 죽이지 않았읍니다. 그는 철저한 하나님의 말씀이 승인하는 방
법만 사용했읍니다. 그는 수단과 방법을 가렸읍니다. 목적이 위대
하면 동기도 수단도 과정도 훌륭해야 합니다.

다섯째로, 그는 압력을 거부하고 주님의 뜻을 따랐읍니다.
다윗의 주변의 사람들은 다윗에게 사울을 "죽여라, 죽여라"고 말
합니다. 이것이 다윗 주변의 압력이었읍니다. 그러나 다윗은 하나
님의 말씀과 뜻만 따랐읍니다. 어느 경우에나 어느 상황이나 그는
주님만 바라보고 주님의 말씀만 따랐읍니다.

여섯째로, 그는 주께서 주신 양심대로 행동했읍니다.
하나님이 주신 양심대로 행동했읍니다. 상황이나 기회나 감정이
아닌 도덕적 원리를 따라 행한 것입니다.

일곱째, 그는 모든 결과를 주님께 맡겼읍니다.
모든 판단을 살아계신 하나님께 맡겼읍니다. 사건의 궁극적 처리
를 하나님의 주권에 부탁한 것입니다.

다시 본문 26장으로 돌아옵니다. 처음에는 옷자락만 베어갔지만
두번째는 사울왕 옆에 있던 창과 물병을 가져갔읍니다.
13절을 보겠읍니다.
"이에 다윗이 건너편으로 가서 멀리 산꼭대기에 서니 상거가 멀더
라."
이제 멀리 거리를 띄워 놓고 다윗이 사울왕과 사울왕의 참모들을
부릅니다. 거리를 띄워 놓고 외치는 다윗의 지혜로운 모습을 볼 수
있읍니다.
이제 14절 이하 17절 말씀을 보겠읍니다.

"다윗이 백성과 넬의 아들 아브넬을 대하여 외쳐 가로되…네가 용
사가 아니냐 이스라엘 중에 너 같은 자가 누구냐 그러한데 네가 어
찌하여 네 주 왕을 보호하지 아니하느냐 백성 중 한 사람이 네 주
왕을 죽이려고 들어갔었느니라 네 행한 이 일이 선치 못하도다 여
호와께서 사시거니와 여호와의 기름부음받은 너희 주를 보호하지
아니하였으니 너희는 마땅히 죽을 자니라 이제 왕의 창과 왕의 머
리 곁에 있던 물병이 어디 있나 보라"(26 : 14~16).
다윗은 사울왕의 참모에게 너희 왕을 잘 모시지 못하느냐고 충고
하고 있습니다. 그 증거로 다윗은 왕의 창과 물병을 제시합니다.

　계속되는 17절 이하 20절의 말씀을 보십시오.
"사울이 다윗의 음성을 알아 듣고 가로되 내 아들 다윗아 이것이
네 음성이냐 다윗이 가로되…내 주는 어찌하여 주의 종을 쫓으시
나이까 내가 무엇을 하였으며 내 손에 무슨 악이 있나이까 청컨대
내 주 왕은 이제 종의 말을 들으소서 만일 왕을 격동시켜 나를 해
하려 하는 이가 여호와시면 여호와께서는 제물을 받으시기를 원하
나이다마는 만일 인자들이면 그들이 여호와 앞에 저주를 받으리니
…그러즉 청컨대 여호와 앞에서 먼 이곳에서 이제 나의 피로 땅에
흐르지 말게 하옵소서 이는 산에서 메추라기를 사냥하는 자와 같
이 이스라엘 왕이 한 벼룩을 수색하러 나오셨음이니이다"(26 : 17
~20).
왕이 나를 죽이려고 하는 것은 임금이 한 벼룩을 수색하는 것과 마
찬가지라고 하여 다윗은 자신을 벼룩같은 존재로 표현합니다. 그
러면서 나 하나의 목숨을 없애려고 그렇게 날뛰실 필요가 어디 있
느냐고 묻고 있습니다.

　21절을 보십시오.
"사울이 가로되 내가 범죄하였도다 내 아들 다윗아 돌아오라 네가
오늘 내 생명을 귀중히 여겼은즉 내가 다시는 너를 해하려 하지 아

니하리라 내가 어리석은 일을 하였으니 대단히 잘못되었도다"(21
절).

이것은 진짜 회개입니다. 그는 내가 범죄했다고 이야기합니다. 이
것은 단순히 후회가 아닙니다. 그는 인정했읍니다. 그래서 이제
22절에서 다윗은 사울의 물건을 다 돌려줍니다.

"다윗이 대답하여 가로되 왕은 창을 보소서 한 소년을 보내어 가져
가게 하소서"(22절).

그리고 26장 마지막 절인 25절을 보면 "사울이 다윗에게 이르되
내 아들 다윗아 네게 복이 있을지로다 네가 큰 일을 행하겠고 반드
시 승리를 얻으리라 하니라 다윗은 자기 길로 가고 사울은 자기 곳
으로 돌아가니라"(25절)고 기록되어 있읍니다. 그리고 헤어져 사
울과 다윗은 다시 만나지 못합니다. 이것이 지상에서 사울과 다윗
이 마지막으로 만나는 최후의 장면입니다. 그리고 얼마 후 다윗왕
에게 한 비보가 들어옵니다. 그 비보는 사울이 죽었다는 소식입니
다. 그리고 역사의 무대는 이제 급격히 달라지기 시작합니다.

8

다윗의 왕위 계승

우리가 다윗의 생애를 공부하는 가운데서 그의 생애의 여러 가지 측면들을 얼마든지 생각해 볼 수 있습니다. 그러나 일일이 다윗의 생애를 다루기에는 너무도 많은 시간이 필요합니다. 그러므로 많은 사건들이 있은 연후에 다윗을 괴롭히던 다윗의 적 사울이 어떻게 최후를 맞이하는가 하는 사실에서부터 다시 계속하려고 합니다.

1. 사울의 죽음에 대한 다윗의 반응

사무엘상이 끝난 후에 사무엘하 1장 1절은 이렇게 시작됩니다. "사울이 죽은 후라 다윗이 아말렉 사람을 도륙하고 돌아와서 시글락에서 이틀을 유하더니 제 삼일에 한 사람이 사울의 진에 나왔는데…다윗이 가로되 일이 어떻게 되었느뇨 너는 내게 고하라 저가 대답하되 군사가 전쟁 중에서 도망하기도 하였고 무리 중에 엎드러져 죽은 자도 많았고 사울과 그 아들 요나단도 죽었나이다"(1~4

절).

이렇게 해서 다윗은 처음으로 사울이 전쟁터에서 죽었다는 비보
앞에 접합니다. 그 소식을 전한 사람은 아말렉 사람이었읍니다.
이스라엘의 군병이 아니라 이스라엘과 싸우던 아말렉 사람을 통해
그 소식을 들었던 것입니다.

　계속되는 5절 이하 10절의 말씀을 보겠읍니다.
"다윗이 자기에게 고하는 소년에게 묻되 사울과 그 아들 요나단의
죽은 줄을 네가 어떻게 아느냐 그에게 고하는 소년이 가로되 내가
우연히 길보아 산에 올라보니 사울이 자기 창을 의지하였고 병거
와 기병은 저를 촉급히 따르는데 사울이 뒤로 돌이켜 나를 보고 부
르시기로 내가 대답하되 내가 여기 있나이다 한즉 내게 이르되 너
는 누구냐 하시기로 내가 대답하되 나는 아말렉 사람이니이다 한
즉 또 내게 이르되 내 목숨이 아직 내게 완전히 있으므로 내가 고
통에 들었나니 너는 내 곁에 서서 나를 죽이라 하시기로 저가 엎드
러진 후에는 살 수 없는 줄을 내가 알고 그 곁에 서서 죽이고 그 머
리에 있는 면류관과 팔에 있는 고리를 벗겨서 내 주께로 가져왔나
이다."
이 보고를 하면서 아말렉 군병은 상당의 보상을 받을 것으로 기대
했는지 모릅니다. 평생을 쫓아다니며 끈질기게 다윗을 괴롭히던
사울의 죽음을 보고했기 때문입니다. 그러나 이 시점에서 다윗이
취한 태도는 대단히 인상적입니다. 다윗은 이 사건 앞에서 어떤 반
응을 보였읍니까?

　11절 이하의 말씀을 보겠읍니다.
"이에 다윗이 자기 옷을 잡아 찢으매 함께 있는 모든 사람도 그리
하고 사울과 그 아들 요나단과 여호와의 백성과 이스라엘 족속이
칼에 죽음을 인하여 저녁 때까지 슬퍼하여 울며 금식하니라"(11,
12절).

다윗은 사울이 잘 죽었다고 생각하지 않았읍니다. 자신을 그렇게
도 괴롭혔던 사울이지만, 여전히 한 나라의 왕이 죽은 그 사실에
대해서 다윗은 비감해 하지 않을 수 없었읍니다. 그는 슬피 울었읍
니다. 금식하며 가슴 아파하고 있는 다윗의 모습을 봅니다. 저는
이 행동이 다윗의 변장된 연극이라고 생각하지 않습니다. 다윗의
진실이라고 믿고 싶습니다.

  그 다음에 계속되는 말씀을 보십시오.
"다윗이 저에게 이르되 네가 어찌하여 손을 들어 여호와의 기름부
음 받은 자 죽이기를 두려워하지 아니하였느냐 하고 소년 중 하나
를 불러 이르되 가까이 가서 저를 죽이라 하매 그가 치매 곧 죽으
니라"(14~15절).
이렇게 해서 다윗은 사람들의 마음을 얻습니다. 그를 괴롭혔지만
사울왕은 여전히 한 나라의 왕이었읍니다. 그리고 하나님께서 세
우신 사람을 치는 것이 죄없는 행위가 아니라는 사실을 다윗은 만
백성 앞에 선포하는 대단히 인상적인 행동을 취했읍니다.

  계속되는 17절 이하의 말씀을 보겠읍니다.
"다윗이 이 슬픈 노래로 사울과 그 아들 요나단을 조상하고 명하여
그것을 유다 족속에게 가르치라 하였으니 곧 활 노래라 야살의 책
에 기록되었으되"(17, 18절).
지금부터 시작될 이 노래는 사울의 죽음을 그리고 친구 요나단의
죽음을 애도하는 애도의 노래입니다. 『활의 노래』로 불리우는 이
노래는 미국의 문학집에도 나오는 유명한 노래입니다. 일종의 조
사(弔詞)라고도 할 수 있고, 사울왕과 요나단의 죽음을 참으로 가
슴 아파하며 지은 아주 명문으로 되어진 애절하고도 아름다운 노
래입니다. 사울과 요나단을 애통해 하는 이 애절한 시를 통해서 다
윗의 마음을 봅니다. 한 인간을 사랑했고, 하나님의 사람을 하나
님의 사람으로 대하고, 친구의 애정을 감쌀 줄 아는 다윗의 이 깊

은 마음 앞에 접할 수가 있읍니다.

2. 하나님의 뜻을 구함

이제 2장에 보면 사울이 죽은 후에 유다의 정세는 갑작스럽게 달라
지기 시작합니다. 1절을 보겠읍니다.
"그 후에 다윗이 여호와께 물어 가로되 내가 유다 한 성으로 올라
가리이까…"
이제 다윗은 이 마당에 자신의 행동을 어떻게 취할 것인가가 문제
였읍니다. 사울이 죽었으므로 그는 당연히 한 나라의 왕이 될 수
있었읍니다. 이제 사울왕은 죽었고, 하나님이 나에게 기름부어 한
나라의 왕으로 삼기를 작정하셨던 때가 바로 이 때가 아닌가 하고
확신할 수도 있었읍니다. 그러나 다윗은 결코 서둘지 않습니다.
그래서 2장 1절의 말씀은 대단히 인상적입니다. 그는 여전히 하나
님의 인도를 묻습니다. 어디를 가야 하며 무엇을 해야 할지 그는
여전히 하나님의 뜻을 묻습니다. 정세는 결정적으로 다윗의 왕위
를 보장해 주고 있었던 이 상황 속에서도 그는 경거망동하지 않습
니다. 정세는 결정적으로 그에게 유리했지만 다윗은 하나님의 뜻
을 묻는 일에 주어진 상황과 환경 속에서 얼마나 주님의 뜻을 묻고
찾는지요? 간절한 마음으로 하나님의 뜻을 찾으며, 주의 뜻을 구
하며, 성경을 보며, 엎드려 기도하며, 성령님의 인도하심을 구하
는 삶이 얼마나 우리의 삶 속에 정착되어 있읍니까? 하나님이 다
윗을 쓰신 것은 결코 우연이 아닙니다.

  1절을 다시 보겠읍니다.
"그 후에 다윗이 여호와께 물어 가로되 내가 유다 한 성으로 올라
가리이까 여호와께서 가라사대 올라가라 다윗이 가로되 어디로 가
리이까 가라사대 헤브론으로 갈지니라."
"제가 한 성으로 올라갈까요?"라는 물음에 하나님은 이제 올라가

라고 대답하십니다. 다윗이 다시 묻습니다.

"그럼 유다성 어디로 가야만 옳습니까?"

"헤브론으로 가라"는 이 하나님의 구체적인 지시를 접하고 다윗은 이제 발길을 옮기기 시작합니다.

2절 말씀을 보겠습니다.

"다윗이 그 두 아내 이스르엘 여인 아히노암과 갈멜 사람 나발의 아내 되었던 아비가일을 데리고 그리로 올라갈 때에."

어떤 남자들은 이 말씀을 읽다가 "아! 다윗은 아내가 둘이나 있었다. 나도 두 아내를 얻어도 상관없구나"라고 말합니다. 그러나 그러한 해석은 곤란합니다. 이 행동을 잘했다고 생각하지 마십시오. 그가 아내를 둘이나 얻게 된 사연과 그 결과가 어떠했는지 이후에 밝히도록 하겠습니다.

이제 3절의 말씀을 보겠습니다.

"또 자기와 함께 한 종자들과 그들의 권속들을 다 데리고 올라가서 헤브론 각 성에 거하게 하니라 유다 사람들이 와서 거기서 다윗에게 기름을 부어 유다 족속의 왕을 삼았더라"(3,4절).

그는 하나님이 지시한 그 헤브론 땅에 도착했읍니다. 그러나 여기에서도 다윗이 이렇게 말하지는 않습니다.

"여러분! 주님께서 지금으로부터 8년 전에 저에게 기름을 부으셨읍니다. 그리고 이 나라의 왕을 삼기로 작정하셨읍니다. 이제 사울왕은 죽었읍니다. 그러므로 이제 왕위는 당연히 제 것입니다."

다윗은 이런 식으로 상황 앞에 접근하지 않습니다. 본문에도 보면 다윗이 찾아가는 것이 아니라 유다의 백성들이 먼저 다윗에게 오는 것으로 기록되어 있읍니다. 그들이 먼저 찾아와서 "우리의 왕이 되어 주십시오"라고 요청합니다. 그래서 그들이 다윗을 기름부어 왕으로 삼는 모습을 보여 주고 있읍니다. 그는 그의 편에 일방적으로 그리고 주도적으로 정권을 쟁취하기 위해서 행동하지 않습니다. 그는 철저하게 하나님의 인도를 의지합니다. 주님이 주시는 그 인도함을 따라서 발길을 옮기는 하나님의 사람 다윗의 모습이 얼마나 아름답습니까? 정세가 결정적으로 자기에게 유리했음에도 불구하고, 말 한마디면 정권을 쥘 수 있는 이 상황 속에서도 그는 주의 뜻을 묻습니다. 그리고 하나님의 인도하심을 기다립니다.

지금까지 살펴본 것처럼 다윗은 늘 그렇게 살아 왔습니다. 사울의 뒤를 이어서 소년 목동을 왕으로 삼기로 작정하신 하나님의 계획에 따라서 그가 기름부음을 받고, 베들레헴에서 왕의 부르심을 받은 그 이후 그는 이 순간까지 8년을 기다렸습니다. 그는 기름부음을 받은 후에도 사울왕에게 8년간이나 쫓기고 쫓기는 삶을 살았읍니다. 그러나 그는 주님께서 당신의 뜻을 이루실 것을 믿고 하나님의 절대적인 주권 앞에 자기의 삶을 의탁하며 기다리는 인고의 삶을 살아 왔읍니다. 그러나 아직 이 시점에서 다윗은 팔레스틴 땅 전체의 왕은 아닙니다. 남쪽에서만 왕으로 인정을 받고 있을 뿐입니다. 북방 이스라엘까지 통합된 전체 왕국의 왕으로서 다윗이 세움을 받기까지는 아직도 더 많은 시간을 필요로 했읍니다.

3. 기다림의 시간

계속되는 사무엘하 2장 8절 이하의 말씀을 보겠읍니다.
"사울의 군장 넬의 아들 아브넬이 이미 사울의 아들 이스보셋을 데리고 마하나임으로 건너가서 길르앗과 아술과 이스르엘과 에브라임과 베냐민과 온 이스라엘의 왕을 삼았더라."
우리는 이 장면에서 유다에서는 다윗을 왕으로 삼는 한편, 북방 이스라엘에서는 사울의 아들 이스보셋이 왕이 되어 있는 모습을 볼 수 있읍니다.
이어지는 11절을 보겠읍니다.
"다윗이 헤브론에서 유다 족속의 왕이 된 날수는 일곱 해 여섯 달이더라."

그가 7년 반을 더 기다리고 있는 모습을 볼 수 있읍니다.

이제 5장 1절 이하 3절의 말씀을 보겠읍니다.

"이스라엘 모든 지파가 헤브론에 이르러 다윗에게 나아와 말하여 가로되 보소서 우리는 왕의 골육이니이다 전일 곧 사울이 우리의 왕이 되었을 때에도 이스라엘을 거느려 출입하게 한 자는 왕이시었고 여호와께서도 왕에게 말씀하시기를 네가 내 백성 이스라엘의 목자가 되며 이스라엘의 주권자가 되리라 하셨나이다 하니라 이에 이스라엘 모든 장로가 헤브론에 이르러 왕에게 나아오매 다윗왕이 헤브론에서 여호와 앞에서 저희와 언약을 세우매 저희가 다윗에게 기름을 부어 이스라엘 왕을 삼으니라."

제가 맨 처음 서론을 시작하면서 다윗왕이 자기의 전 생애를 통해서 세 번 기름부음을 받았다고 말씀드렸읍니다. 처음은 베들레헴에서 그가 앞으로 왕이 될 것을 작정하심으로 주께서는 소년 목동 다윗의 머리 위에 사무엘 선지자를 통해 기름을 부으셨읍니다. 그러나 그가 실제로 한 나라의 왕으로 등극하기까지는 8년이 걸렸읍니다. 그래서 그는 헤브론에서 기름부음을 받고 남방 유다의 왕이 되었읍니다. 그러나 이제는 북방 이스라엘까지 명실공히 통일된 왕국의 왕으로 등장하는 장면을 볼 수 있읍니다.

우리가 이와 같은 다윗의 긴 인생의 역경을 통해서 배우는 가장 큰 교훈은 바로 다윗의 기다림입니다. 이 기다림은 다윗의 믿음을 전제합니다. 믿음이 없이는 아무도 기다릴 수 없읍니다. 다윗은 믿음으로 하나님의 약속의 실행을 기다립니다. 그는 하나님보다 결코 앞서지 않았읍니다. 제가 전에도 강조를 했읍니다.

믿음으로 평생을 살았던, 그래서 오고오는 세대에 모든 그리스도인들에게 믿음으로 살아가는 삶의 귀감이 되었던 영국의 기도의 사람, 믿음의 사람 죠지 뮬러를 생각합니다. 그는 한푼의 재산도 없이 삼천 명을, 나중에 많을 때에는 오천 명 이상의 많은 고아들

을 사람들에게는 단 한마디의 구걸도 하지 않고 믿음으로 먹였던
기도의 사람입니다. 이 사람의 전 생애를 요약하는 그의 인생의 믿
음의 신조가 있었읍니다.
"결코 하나님보다 앞서지 말자. 결코 성령님보다 앞서지 말자. 결
코 기도보다 앞서지 말자."
이런 신조로 그는 주님만을 의지하고 믿음으로 평생을 걸어 왔읍
니다.

그것은 마치 우리에게 다윗의 생애를 그대로 연상시켜 줍니다.
시편 37편 1절 이하 7절의 말씀을 보겠읍니다. 시편 37편을 보면
서 다윗의 기다림이 얼마나 그의 믿음에서부터 우러난 행동인가를
살펴보고 싶기 때문입니다. 이 시 앞에는 "다윗의 시"라는 단서가
붙어 있읍니다. 그러나 이 시는 단순히 다윗의 입술을 통해서 나온
관념적인 고백이 아닙니다. 이 시는 다윗이 깊은 인생 체험을 통해
서 하나님과 함께 걸어가면서 그의 생과 의식의 한복판에서부터
우러나온 체험적인 고백입니다.
"행악자를 인하여 불평하여 하지 말며 불의를 행하는 사람을 인하
여 투기하지 말지어다"(1절).
다윗이 바로 이렇게 살지 않았읍니까 ?
"여호와를 의뢰하여 선을 행하라 땅에 거하여 그의 성실로 식물을
삼을지어다 또 여호와를 기뻐하라 저가 네 마음의 소원을 이루어
주시리로다 너의 길을 여호와께 맡기라 저를 의지하면 저가 이루
시고 네 의를 빛같이 나타내시며 네 공의를 정오의 빛같이 하시리
로다 여호와 앞에 잠잠하고 참아 기다리라 자기 길이 형통하며 악
한 꾀를 이루는 자를 인하여 불평하여 말지어다"(2~7절).
다윗은 이 기다림을 통해서 하나님의 놀라우신 섭리 가운데 사는
신앙의 삶의 교훈을 배울 수 있읍니다. 그래서 그는 마침내 한 나
라의 왕이 되었읍니다.

4. 왕으로 등장

이제부터 다윗왕의 생애에서 왕으로서의 새로운 삶의 측면이 전개되기 시작합니다. 그는 이제 이스라엘 북방과 남방 유다를 통괄하는 명실공히 통일왕국의 왕으로서 등장하게 되었읍니다. 그가 왕이 된 후에 가장 먼저 한 일이 무엇입니까?

1) 법궤를 옮김

사무엘하 6장 1절 이하에 보면 다윗이 한 나라의 왕이 된 후에 제일 먼저 행한 치적을 볼 수 있읍니다.

"다윗이 이스라엘에서 뺀 무리 삼만을 다시 모으고 일어나서 그 함께 있는 모든 사람으로 더불어 바알레유다로 가서 거기서 하나님의 궤를 메어 오려 하니 그 궤는 그룹들 사이에 좌정하신 만군의 여호와의 이름으로 이름하는 것이라 저희가 하나님의 궤를 새 수레에 싣고 산에 있는 아비나답의 집에서 나오는데."

다윗이 북방 이스라엘과 남방 유다를 통합해서 하나의 왕국을 형성한 다음에 그가 제일 먼저 한 일은 예루살렘의 수도를 정하는 일이었읍니다. 한 나라의 심장부에 한 나라를 통괄할 수 있는 정치적인 수도를 설정합니다. 그러나 수도를 옮겼다는 그 사실만으로 한 나라를 통치할 수 없다는 사실을 다윗은 잘 알았읍니다. 그는 그의 나라가 하나님의 축복 가운데 참으로 잘되기 위해서는 그 나라 모든 국민들의 영성을 통일할 수 있는 정신적인 공통분모가 필요하다는 사실을 잘 알았읍니다. 한 가정이 참으로 잘되기 위해서도 그 가정을 결속할 수 있는 정신적인 공통분모가 필요합니다.

묻고 싶습니다. 오늘날 당신의 가정에 남편과 아내와 자녀들의 마음을 하나로 모을 수 있는 정신적인 공통분모는 무엇입니까? 그것은 신앙입니다. 우리 가족들의 마음을 하나로 모을 수 있고, 그들로 하여금 한 방향을 바라볼 수 있고, 하나의 시선을 가지고

그들의 삶을 정리할 수 있는 가장 응집력 있는 유대는 믿음밖에 없
읍니다.

다윗은 그 비밀을 알았읍니다. 그래서 그는 예루살렘으로 수도
를 정했다는 그 사실만으로 만족하지 않고 그 수도에 하나님의 법
궤를 옮겨 오기로 원했던 것입니다.

왜 그랬겠읍니까? 법궤 혹은 증거궤, 언약궤 등 여러 가지 이름
으로 불리워지는 이 궤는 이스라엘 백성들에게 있어서 언제나 하
나님의 임재의 상징이었읍니다. 그래서 이스라엘 백성들이 광야를
행진할 때는 이 법궤를 제일 앞에 세우거나, 그들이 행렬을 중단하
게 되면 한복판에 세웁니다. 그 이유는 하나님이 거기에 계시다는
상징이기 때문입니다. 옛날 대제사장이 하나님 앞에 가서 제사를
드릴 때 그들은 성소를 거쳐서 휘장을 열고 지성소 앞에 나와서 항
상 이 법궤 앞에 섰읍니다. 이 법궤에서 하나님의 말씀이 내렸기
때문입니다. 이 법궤를 통해서 이스라엘 백성들은 하나님을 만났
읍니다. 그래서 법궤는 이스라엘 백성들에게 있어서 언제나 하나
님이 함께 하시는 하나님의 임재의 상징이었읍니다. 그들은 행진
을 할 때에 이 법궤를 앞세웁니다. 하나님을 앞세우고 삶을 걸어간
다는 신앙의 고백이었읍니다. 행렬이 중단될 때에는 법궤를 한복
판에 모시고 대열을 짰읍니다. 앞서 가시는 하나님, 그리고 우리
가운데 계시는 하나님입니다. 이것이 그들의 신앙 고백이었읍니
다.

그들의 수도에 하나님이 계셔서 역사하시는 하나님의 통치를 구
체적으로 그 백성 속에서 구현하기를 원했던 다윗왕은 무엇보다
먼저 법궤를 옮겨오기를 원했던 것입니다. 그때까지는 법궤가 예
루살렘이 아닌 다른 장소에 머물러 있었던 까닭입니다. 그래서 다
윗은 아비아답의 집에 있었던 법궤를 옮겨오는 것입니다. 그런데
이 법궤를 옮겨가기 위해서는 무려 삼만의 인원이 필요했다고 말

씀은 증언합니다. 하나님이 없는 통치, 하나님이 없는 가족, 하나님이 없는 삶이 얼마나 허탄한 삶인가를 잘 알았던 다윗은 이제 하나님을 역사의 한복판에 모시기를 원했읍니다. 삼만의 군사를 동원한 것만 보아도 우리는 다윗이 이 일에 바친 열정과 관심을 이해할 수 있읍니다.

2) 웃사의 죽음

계속 읽어 보면 아주 이상한 사건이 전개됩니다. 다시 한번 6절과 7절의 말씀을 보겠읍니다.

"저희가 나곤의 타작 마당에 이르러서는 소들이 뛰므로 웃사가 손을 들어 하나님의 궤를 붙들었더니 여호와 하나님이 웃사의 잘못함을 인하여 진노하사 저를 그곳에서·치시니 저가 거기 하나님의 궤 곁에서 죽으니라."

이 말씀에 보면 궤를 내려오던 사람 중에 웃사라는 사람이 등장합니다. 그리고 궤를 옮기는 도중 소들이 뛰니까 법궤를 떨어지지 않게 하려고 웃사가 손으로 그것을 잡습니다. 그런데 잡자마자 그는 즉사하고 말았읍니다. 손으로 궤를 붙들었다고 해서 죽음을 당한 이 사건을 우리는 어떻게 이해해야 좋겠읍니까? 하나님은 너무 무정하시고 무자비하시다고 생각하시지는 않는지요? 그러나 성경을 이렇게 접근해서는 안 됩니다.

이 사건을 통해서 하나님이 오늘을 살고 있는 저와 당신에게 교훈하시는 바가 무엇인지 바라볼 수 있어야 합니다. 이 법궤에 관한 역사를 성경 도처에서 자세히 살펴 연구해 보면 우리도 그럴 만한 정당한 이유를 성경을 통해서 발견할 수 있읍니다.

민수기 4장 15절을 보겠읍니다. 여기에서 우리는 법궤에 대한 기록과 하나님께서 모세를 통해서 이 법궤를 운반할 때의 방법을 분명히 말씀하고 있는 장면을 목격할 수 있읍니다.

"행진할 때에 아론과 그 아들들이 성소와 성소의 모든 기구 덮기를
필하거든 고핫 자손이 와서 멜 것이니라 그러나 성물은 만지지 말
지니 죽을까 하노라."

거룩한 물건, 하나님의 임재를 상징하는 이 모든 물건들은 만지지
말고 채를 꿰어 메고 옮기라고 말씀합니다. 이것은 마치 우리나라
에서 옛적에 가마를 메듯 어깨에 메어 옮기라는 이야기입니다. 이
렇듯이 이것을 만지면 죽으리라는 단서도 없이 그냥 법궤 한번 만
졌다고 하나님이 죽이신다면 그런 하나님은 저도 안 믿을 것입니
다. 그러나 성경을 통해서 우리는 분명히 볼 수 있습니다. 하나님
은 먼저 선포하셨습니다. 이 법궤를 운반하는 방법과 어떻게 인도
할 것인가를 율법을 통해서 분명히 선포해 놓으신 것입니다. 그럼
에도 불구하고 웃사는 이 명백하게 계시된 말씀을 범했습니다. 우
리 하나님은 말씀하신 약속 그대로 행하신 것뿐입니다. 그분은 말
씀하셨고 실행하셨습니다. 여기서 우리는 중대한 사실 앞에 부딪
칩니다. 하나님은 언제나 하나님의 일을 하실 때, 하나님이 원하
시는 방법대로 행하기를 기뻐하십니다.

오늘날 저와 당신이 살고 있는 우리 시대의 철학은 "좋은 목적
을 달성하기 위해서는 어떤 수단을 사용해도 좋다, 목적이 선하다
면 그 수단은 아무래도 좋다"고 외칩니다. 그래서 우리 시대는 수
단이 목적을 정당화시킬 수 있다는 철학 속에 오염되고 있습니다.
그러나 성경은 그렇게 말하지 않습니다. 목적이 좋으면 수단도 좋
아야 합니다. 우리는 올바른 수단과 방법으로 하나님의 일을 추구
해야 합니다. 당신은 하나님이 원하시는 방법대로 하나님의 일
을 하고 있는지요? 교회가 부흥되는 것도 중요하지만 더 중요한
것은 하나님의 방법대로 부흥하는 것입니다. 우리는 이 장면에서
하나님의 말씀을 따라, 하나님이 기뻐하시는 방법대로, 하나님의
일이 수행될 것을 요구하시는 하나님의 준엄한 명령 앞에 부딪칩
니다.

3) 법궤를 오벧에돔의 집으로 옮김

다윗은 처음에 당황했을 것입니다. 웃사가 죽은 것을 보고 그는 어떤 반응을 보였읍니까? 웃사의 잘못으로 인하여 하나님이 진노하셨다고 본문 7절은 말씀합니다. 그리고 8절에서는 여호와께서 웃사를 충돌하셨다고 말합니다. 그렇습니다. 말씀을 범하고 있는 사람들을 하나님은 충돌하십니다. 그분은 역사를 통해서 지금도 충돌하시는 하나님이십니다. 그러므로 하나님과 충돌하지 마십시오.

8절에 보면 "다윗이 분하여"라고 말씀합니다. 그는 아마 이렇게 말했을지도 모릅니다.

"하나님, 해도 너무하십니다."

이어지는 9절 말씀을 보겠읍니다.

"다윗이 그 날에 여호와를 두려워하여 가로되 여호와의 궤가 어찌 내게로 오리요 하고."

다윗은 그 다음부터 자연히 이 법궤를 무서워하기 시작했읍니다. 우리도 그 마당에 있었다면 그 날부터 이 법궤에 접근하기를 두려워했을 것입니다. 그러면서 다윗은 이 법궤가 어떻게 자기한테 올 수 있겠느냐고, 이제 법궤를 예루살렘으로 옮기는 계획을 포기할 수밖에 없다고 생각했을 것입니다. 다윗은 거의 단념적이었읍니다. 그래서 법궤는 예루살렘으로 오는 대신에 어디로 갑니까?

10절을 보십시오.

"여호와의 궤를 옮겨 다윗성(예루살렘성) 자기에게로 메어가기를 즐겨하지 아니하고 치우쳐 가드 사람 오벧에돔의 집으로 메어 간지라."

이제 이 궤는 오벧에돔 사람의 집으로 갔읍니다. 그런데 이 장면에서 놀라운 사실이 있읍니다. 다윗 자신은 두려워서 그 법궤를 예루살렘으로 운반하기를 꺼려했지만, 이 법궤가 오벧에돔이라는 사람의 집에 오자마자 하나님이 그 집을 축복하셨다는 것입니다. 그렇

습니다. 하나님의 방법대로 삶을 살아가는 사람에게 있어서 하나
님이 나와 같이 계신다는 사실은 축복입니다. 그러나 죄를 지으려
고 계획하는 사람에게 있어서 하나님이 내 곁에 계시다는 사실은
영 거북한 일입니다. 그것은 한마디로 귀찮은 일입니다. 그러나
하나님의 뜻대로 살기를 원하는 사람들에게 있어서는 하나님이 우
리 집에 계시다는 사실이 얼마나 복됩니까? 부부싸움을 즐겨하는
사람들에게 주님이 그 집에 계시다는 사실이 얼마나 속상한 일입
니까? 늘 내 가정을 보고 계시는 하나님 때문에 얼마나 속상합니
까? 그러나 주님의 뜻대로 살기를 원하는 사람들에게 하나님이
그 집에 거하신다는 사실이 얼마나 축복인지요?

4) 법궤를 예루살렘으로 옮김

다시 본문으로 돌아와서 다윗은 그 법궤를 옮겨가기를 거절했기
때문에 이제 법궤는 오벧에돔의 집으로 가게 되었읍니다. 그런데
하나님은 이상하게 그 가정을 축복하시기 시작합니다. 그러자 그
축복의 장면을 보고 있던 다윗은 또다시 생각이 달라지기 시작합
니다. 12절을 보겠읍니다.
"혹이 다윗왕에게 고하여 가로되 여호와께서 하나님의 궤를 인하
여 오벧에돔의 집과 그 모든 소유에 복을 주셨다 한지라 다윗이 가
서 하나님의 궤를 기쁨으로 메고 오벧에돔의 집에서 다윗성으로
올라갈새."
오벧에돔의 집에서 그 법궤를 예루살렘성으로 옮겨오기까지의 시
간 간격은 3개월입니다. 제가 믿기에는 다윗은 이 석 달 동안 성경
을 공부했을 것입니다. 그가 성경을 공부한 집적적인 동기는 "내
가 왜 법궤를 인도하는 일에 실패했는가? 웃사는 왜 죽었을까?"
라는 이유를 캐기 위해서였을 것입니다. 그리고 그 대답을 다윗은
마침내 발견했을 것입니다. 앞서 말씀드린 민수기 4장 15절의 말
씀을 통해서 말입니다.

오늘날 현대 교회의 커다란 문제 중의 하나는, 우리가 교회 일을 할 때에 그것을 하나님의 방법대로 하지 않고 사람의 방법대로 한다는 것입니다. 당신이 예수를 믿기 전에 갖고 있었던 모든 생활 태도는 이 세상의 방법으로 삶을 살았던 그때의 철학의 소산입니다. 그런데 우리는 교회에서도 세상에서 하던 모든 방법대로 하려고 합니다. 그러나 하나님은 그리스도 안에 있는 새로운 피조물인 당신의 백성들에게 "너희들이 그리스도 안에 있다면 그리스도인답게 살아가라"는 새로운 방법을 요구하십니다. 그리고 우리는 그 방법을 성경 공부를 통해서 배울 수 있읍니다.

우리의 육체는 이 세상에서 교회로 옮겨졌지만, 우리의 의식 구조는 하나도 변하지 않았읍니다. 우리는 하나님의 백성답게, 하나님의 자녀답게 삶을 사는 방법을 아직도 배우지 못했읍니다. 우리는 목적을 갖고 있지만, 삶의 방법은 여전히 세속적입니다. 그러면서 어떻게 하나님의 축복을 기대할 수 있다는 말입니까?

다시 우리는 성경으로 돌아와야만 합니다. 그리고 성경을 통해서 성경적인 삶의 방법과, 성경적 교회 경영의 방법을 배우지 않으면 안 됩니다. 직장에서는 이렇게 했는데 하고 그 고집을 교회에서 부리지 마십시오. 왜냐하면 우리는 그리스도 안에 있기 때문입니다. 어떻게 우리는 하나님의 방법대로, 하나님이 원하시고 기뻐하시는 뜻대로 하나님의 말씀 안에서 살아가야 합니까?

제가 개인적으로 갖고 있는 간절한 소원도 그러한 것입니다. 교회에서 회의를 진행하는 도중에도 성도들이 성경을 찾는 습관들이 있었으면 좋겠읍니다. 우리 중에 한 사람이 갑자기 회의를 중단시키면서 이렇게 이야기했으면 좋겠읍니다.

"긴급 동의가 있읍니다. 우리가 지금 나누고 있는 이야기에 대해서 성경이 어떻게 말씀하고 있는지 찾아 보십시다."

바로 이것이 성경적 교회의 모델입니다. 그리고 주님의 말씀이 성경을 통해서 선포되는 그 순간 아무도 이의가 없어야 합니다. 왜냐

하면 우리의 삶의 유일한 규칙과 규범은 다만 성경만이 제시하고
있기 때문입니다. 성경이 어떻게 말씀하고 있는지 말씀을 통해서
삶을 배우고, 말씀을 통해서 행동의 양식을 배우고, 이 말씀을 통
해서 생의 형태를 결정하는 그리스도인들에게 하나님의 축복이 함
께 하십니다. 바로 이 사실을 다윗이 배운 것입니다.

5) 다윗이 받은 교훈

먼 훗날 다윗이 이 사건을 통해서 얼마나 놀라운 교훈을 받았는지,
그리고 다윗이 그 사실을 어떻게 회고하고 있는지 역대상 15장 1
절 이하의 말씀을 통해서 찾아 보겠읍니다.
"다윗이 다윗성(예루살렘성)에서 자기를 위하여 궁궐을 세우고 또
하나님의 궤를 위하여 처소를 예비하고 위하여 장막을 치고 가로
되 레위 사람 외에는 하나님의 궤를 멜 수 없나니 이는 여호와께서
저희를 택하사 하나님의 궤를 메고 영원히 저를 섬기게 하셨음이
니라"(1, 2절).
이제 다윗은 톡톡히 교훈을 배운 것입니다. 그러나 그는 이것을 배
우기 위해서 뼈아픈 대가를 치러야만 했읍니다. 그러므로 당신은
혼이 나고서야 하나님의 교훈을 배우지 마시고, 지금 내 앞에 펼쳐
져 있는 영광스러운 주님의 말씀을 통해서 그리스도인답게 사는
의미가 무엇인지 배우시기 바랍니다. 저는 솔직히 교회에 나오면
서도 성경 공부를 하지 않고 왔다갔다 하는 분을 볼 때마다 안타까
움을 느낍니다. 그것은 의미가 없읍니다. 성경없이 신앙을 가질
수가 없읍니다. 제 개인적인 경험으로는 성경 공부를 석 달 동안
밀도있게, 열정적으로 공부하신 분들이 30년을 의미없이 교회에
나와서 장로되신 분보다 더 영광스럽고 더 순결하고 더 아름다운
신앙의 고백을 가지고 있음을 봅니다. 정중하고 겸손하게 감히 말
씀을 드리겠읍니다. 성경 공부 없이는 결코 그리스도인이 될 수 없
읍니다.

다윗은 대단히 뼈아픈 대가를 지불하면서 그것을 배웠읍니다. 어떤 분은 평생 동안 신앙 생활을 해 오면서 어느 날 갑자기 나는 성경없이 신앙 생활을 했다는 사실을 깨닫습니다. 그리고 "아! 이제 성경 공부를 해야겠다"라고 말하는 분들이 있읍니다. 그러나 그때는 이미 눈이 침침하고, 머리가 돌아가지 않는 그런 상황이 올 수가 있읍니다. 그러므로 아직도 하나님이 건강을 주신 이 시점에서 하나님의 말씀을 믿으십시오. 그리고 이 복된 말씀을 통해서 주님이 나에게 어떻게 말씀하시는지 보십시오.

이제 역대상 15장 14절 말씀을 보면 다윗이 한번 더 이렇게 말합니다. 이 말씀은 다윗이 성전을 지을 준비를 하면서 취하고 있는 행동을 기록해 주고 있읍니다.

"이에 제사장들과 레위 사람들이 이스라엘 하나님 여호와의 궤를 메고 올라가려 하여 몸을 성결케 하고 모세가 여호와의 말씀을 따라 명한 대로 레위 자손이 채로 하나님의 궤를 꿰어 어깨에 메니라"(14, 15절).

다윗은 젊은날의 뼈아픈 경험이었던, 웃사라는 한 사람의 죽음을 통해서 배운 것입니다.

하나님의 말씀대로 행동하는 것, 그분의 말씀대로 복종하는 것, 살아가는 것, 일하는 것, 봉사하는 것, 그것이 얼마나 중요한지 배웠읍니다. "내 생각에는 이렇게 하는 것이…"라는 행동이 아닙니다. 당신의 생각을 하나님의 영광스러운 삶의 현장에 적용하려고 하지 마십시오. 이런 또 저런 경우에는 성경이 어떻게 말하고 있는가를 알기 위해서 말씀을 읽으십시오. 내가 이런 상황에 처해서는 어떻게 행동하는 것이 옳은지, 하나님의 말씀은 내게 어떻게 말씀하고 있는지, 내 모든 행동의 결정에 있어서, 말씀이 명하는 대로 행하시기 바랍니다. 찬양대원들이 찬양을 할 때에도 말씀을 따라 말씀이 명하는 대로 하십시오. 교회에서 봉사하는 모든 분들도 말씀을 따라 말씀이 명하는 대로 행하십시오. 우리 생활의 중요한 결정을 해야 할 순간에 직면할 때에도 말씀을 따라 말씀이 명하는 대로 행하십시오.

"믿음은 들음에서 나며 들음은 그리스도의 말씀으로 말미암는 것이니라."

이 말씀의 귀중함을 깨달아 당신과 저의 신앙이 더욱 든든하게 뿌리를 내리고, 말씀 위에 세워진 영광스러운 신앙이 되기를 기도합니다.

9
성전 건축을 소원함

사무엘하 7장에 이르러서 지금까지 우리가 공부해 온 다윗의 생애는 인생의 겨울을 향해서 접어들기 시작합니다. 1절에 보면 다윗의 생애가 절정에 도달했음을 보여 줍니다.

"여호와께서 사방의 모든 대적을 파하사 왕으로 궁에 평안히 거하게 하신 때에."

다윗은 자신의 나라 주변의 모든 적들을 정복하고 그 자신을 궁중안에서 평안히 삶을 누릴 수 있는 인생의 전성시대를 구가하고 있읍니다. 시온산 위에 세워진 다윗의 궁전은 참 아름답습니다. 사무엘하 5장 11절과 12절에 보면 이 궁전이 세워진 배경을 더 잘 이해할 수가 있읍니다.

"두로 왕 히람이 다윗에게 사자들과 백향목과 목수와 석수를 보내매 저희가 다윗을 위하여 집을 지으니 다윗이 여호와께서 자기를 세우사 이스라엘 왕을 삼으신 것과 그 백성 이스라엘을 위하여 그 나라를 높이신 것을 아니라."

다윗은 하나님의 축복 때문에 자신이 이러한 삶을 누릴 수 있다는 사실을 분명히 알았읍니다. 그래서 그는 두로 왕 히람의 선물로 건축된 아름다운 백향목 궁정에서 삶을 누릴 수 있게 되었읍니다.

1. 성전 건축을 소원함

다시 본문 7장으로 돌아와서 2절 이하의 말씀을 보겠읍니다.
"왕이 선지자 나단에게 이르되 볼지어다 나는 백향목 궁에 거하거늘 하나님의 궤는 휘장 가운데 있도다 나단이 왕께 고하되 여호와께서 왕과 함께 계시니 무릇 마음에 있는 바를 행하소서"(2,3절).
다윗은 그 아름다운 궁전에 살면서 어느 날 문득 한 생각이 떠오릅니다.
"나는 이렇게 아름다운 곳에서 사는데 하나님의 임재하심을 상징하는 법궤는 아직도 휘장 가운데 있구나."
하나님은 아직도 장막 가운데 계신데 나는 이렇게 좋은 집에 산다는 자책이 어느 날 전성시대를 구가하고 있는 다윗왕의 마음을 괴롭히기 시작했다는 이야기입니다. 본문을 계속 읽어 보면 다윗왕이 성전을 건축할 마음을 갖기 시작했음을 알 수 있읍니다.

2. 다윗의 인격적인 특질

이 사건을 둘러싸고 우리는 다윗의 놀라운 영적인 그리고 인격적인 특질 일곱 가지를 배울 수 있읍니다. 바로 이러한 이유 때문에 "하나님이 다윗을 쓰셨구나! 참으로 다윗은 하나님의 마음에 합한 사람이로다"라는 사실을 알 수 있읍니다. 이제 우리는 그 일곱 가지 다윗의 장점을 살펴보겠읍니다.

  첫째로, 다윗은 변함없는 영적인 관심을 가졌읍니다.
그가 왕이 되어 아름다운 궁전 안에 살고 있지만 하나님의 일과 하나님에 관한 자기의 관심은 조금도 쇠퇴하지 않았읍니다. 가난할 때 예수를 잘 믿던 사람들이 부자가 되면 예수를 등지는 일이 많습니다. 힘이 없을 때 잘 섬기는 사람들이 세상에서 갑자기 세력을 얻게 되면 주님을 저버리는 경우를 볼 수 있습니다. 그러나 다윗은 출세를 하고도, 명성을 얻고도, 모든 사람 앞에 높임을 받고도 그의 마음에 있던 하나님에 관한 영적인 관심은 변하지 않았읍니다.

시편 27편 4절에 보면 다윗의 이러한 기도를 읽어 볼 수 있읍니다.

"내가 여호와께 청하였던 한 가지 일 곧 그것을 구하리니 곧 나로 내 생전에 여호와의 집에 거하여 여호와의 아름다움을 앙망하며 그 전에서 사모하게 하실 것이라."

하나님의 전을 사모하며 아름답게 건축된 영광스러운 전에서 주님을 섬기는 그 기쁨을 갖고 싶어하는 다윗의 기도 속에서 다윗의 마음을 보게 됩니다. 왕이 되고도, 모든 사람에게 추앙과 존경을 받는 그와 같은 자리에 올라가고도 다윗의 마음 속에 하나님을 사모하는 영적인 관심은 조금도 쇠퇴하지 않았읍니다.

둘째로, 다윗의 경건한 영적 교제입니다.

이 시점, 이 순간을 살고 있는 다윗에게서 배워야 할 중요한 두번째 교훈은 그의 경건한 영적 교제입니다. 그것을 어떻게 알 수 있읍니까? 우리가 앞에서 본 대로 본문 1절과 2절에서 하나님의 선지자 나단이 다윗과 가까운 자리에서 교류하고 있었다는 것을 알 수 있읍니다. 후일에 다윗은 나단에게 책망도 받고 충고도 받습니다. 내가 영적으로 잘못되려고 할 때, 나태해지려고 할 때마다 내 곁에서 나를 붙들어 주는 영적인 친구가 있는 사람은 얼마나 행복한 사람입니까? 우리는 이 모습에서 영적인 일들을 서로 돌아볼 수 있는 영적인 교제가 다윗을 둘러싸고 있었던 사실을 볼 수 있읍니다.

서양 속담에 이런 말이 있읍니다.

"당신의 친구를 나에게 보여 주시오. 그러면 당신이 어떤 사람인가를 나도 당신에게 말해 줄 수가 있소."

사람은 친구에 의해서 삶이 만들어집니다. 우리 자녀들의 매우 중요한 문제는 올바른 친구들을 사귀는 데에 있습니다. 그래서 친구를 사귀는 아이들의 일이 우리에게 중요한 관심이 되기도 합니다. 우리가 다윗에게서 볼 수 있는 놀라운 한 가지 장점은 그에게 영적인 교제를 나눌 수 있는 훌륭한 친구가 그 주변에 있었다는 사실입니다.

시편 119편 63절에 보면 이러한 말씀이 기록되어 있습니다.
"나는 주를 경외하는 모든 자와 주의 법도를 지키는 자의 동무라."
또 잠언 13장 20절에서 지혜자는 이렇게 말합니다.
"지혜로운 자와 동행하면 지혜를 얻고 미련한 자와 사귀면 해를 받느니라."

모여서 늘 불평이나 하고, 짜증을 내고, 부정적인 이야기를 나누는 사람들 속에 섞여 있으면 나도 내 인생이 찌들어 가는 삶의 황폐를 경험합니다. 내 주변에 영적인 아름다운 교제를 나눌 수 있는 사람들이 있다는 것, 만날 때마다 하나님을 찬양하고, 예수 그리스도를 이야기하며 삶에 대한 아름다운 사건을 말하는 사람들과 함께 삶을 누릴 수 있는 영적인 교제가 내 삶을 붙들고 있다는 것이 축복입니다. 다윗의 인생의 놀라운 축복도 나단 선지자 같은 놀라운 친구가 그의 주변에 있었다는 사실입니다. 묻겠습니다. 당신에게도 이런 영적인 교제가 있는지요? 만나기만 하면 예수에 대해서 비판적이며, 그리스도인의 삶에 관해서 전혀 알지 못하는 사람들이 나를 둘러싸고 있을 때 내 인생이 퇴보하는 것은 너무나도 당연한 결과입니다. 당신을 둘러싸고 있는 영적인 교제는 어떠합니까?

세째로, 다윗은 자기 우상화를 극복했습니다.

다윗은 사방의 모든 대적을 파했다고 본문은 말합니다. 그래서 다윗의 인기는 점점 높아갑니다. 아무도 다윗을 대적할 사람이 없어 졌습니다. 이만하면 다윗도 옛날 불란서의 어느 왕처럼 "내가 곧 황제다"라고 말할 수 있는 그런 유혹도 얼마든지 받았을 것입니다. 그런데 이 시점에서도 다윗의 시선은 순결하게 하나님만을 바라봅니다. 그리고 하나님을 높이기를 원합니다. 그는 소위 자기 우상화의 망상이나 자아 신화 속에 빠지지 않았습니다. 그는 자기 우상화를 극복할 줄 알았습니다.

그 반대로 다니엘서 4장에서 느부갓네살 왕 같은 사람도 있습니다. 다니엘서 4장 1절 이하의 말씀을 보겠습니다.
"느부갓네살 왕은 천하에 거하는 백성들과 나라들과 각 방언하는 자에게 조서하노라 원하노니 너희에게 많은 평강이 있을지어다 지극히 높으신 하나님이 내게 행하신 이적과 기사를 내가 알게 하기를 즐겨하노라."
세력이 확장되면서 느부갓네살 왕이 말한 고백을 보십시오. 그러나 조금 더 지나가서 30절에 보면 그의 변한 모습을 볼 수 있습니다.
"나 왕이 말하여 가로되 이 큰 바벨론은 내가 능력과 권세로 건설하여 나의 도성을 삼고 이것으로 내 위엄의 영광을 나타낸 것이 아니냐."
이 말씀에서 가장 많이 나오는 낱말은 "나"입니다. 나를 내세운 그의 이 말이 끝나자마자 31절 이하에 보면 그가 가지고 있던 왕위가 떠날 것이라는 말이 동시에 들려옵니다.
"이 말이 오히려 나 왕의 입에 있을 때에 하늘에서 소리가 내려 가로되 느부갓네살 왕이 네게 말하노니 나라의 위가 네게서 떠났느니라 네가 사람에게서 쫓겨나서 들짐승과 함께 거하며 소처럼 풀을 먹을 것이요 이와 같이 일곱 때를 지내서 지극히 높으신 자가 인간나라를 다스리시며 자기의 뜻대로 그것을 누구에게든지 주시는 줄을 알기까지 이르리라 하더니."

　　보십시오. 하나님이 제일 미워하는 것은 자기 우상화입니다. 자신을 신으로 만들려는 유혹입니다. 사람이 힘이나 재물을 갖게 되면, 인기가 높아지면 자아 우상화의 망상 속에 사로잡힐 수 있읍니다. 그러나 다윗은 얼마나 아름다운 사람입니까? 출세하고도, 높임을 받고도, 아름다운 권력을 누리고도 그는 여전히 하나님 앞에 겸손하게 서 있기를 원했읍니다.

　네째로, 다윗은 지속적인 자아 성찰을 했던 사람입니다.
그는 지속적으로 자기 자신을 성찰할 줄 알았읍니다. 다시 말하면 그는 "나는 이렇게 좋은 궁에서 사는데 하나님의 궤는 아직까지도 장막 속에 있다니 그대로 있을 수 없다"고 생각했읍니다. 그는 자기가 너무도 사치하다는 사실을 알았읍니다. 자기 삶에 대한 위치를 그는 즉각적으로 깨달았읍니다. 이것은 다윗의 마음 속에 영적인 자아 성찰의 능력이 있었다는 것을 의미합니다.

　　인간에게 이러한 자기 비판이 없으면, 자기 성찰이 없으면 인간은 썩어가면서도 그 사실을 깨닫지 못할 수가 있읍니다. 암세포처럼 죽을 때가 되어야 내가 암에 걸렸다는 사실을 발견하는 것과 마찬가지입니다. 그렇습니다. 하나님의 말씀을 통해서 늘 자기를 돌아보는 안목이 없는 사람은 내가 잘못되어 가고 있으면서도 그 사실을 모를 수가 있읍니다. 그러므로 자아성찰의 안목을 갖는 것이 얼마나 중요한지요?

　　그래서 다윗은 시편 139편 23절 이하에서 이런 기도를 했읍니다.
"하나님이여 나를 살피사 내 마음을 아시며 나를 시험하사 내 뜻을 아옵소서 내게 무슨 악한 행위가 있나 보시고 나를 영원한 길로 인도하소서"(23, 24절).
다윗은 자신을 살필 줄 알았읍니다. 그는 끊임없이 자기 자신을 바라볼 수 있는 거울을 갖고 인생을 살았읍니다. 과연 다윗은 하나님의 마음에 합한 사람이 될 수 있는 사람이었음을 확신하게 됩니다.

다섯째로, 다윗의 생애는 지속적인 경건 생활이 있었읍니다.
사무엘하 7장 18절의 말씀을 보겠읍니다.
"다윗왕은 여호와의 앞에 들어가 앉아서 가로되 주 여호와여 나는
누구오며 내 집은 무엇이관대 나로 이에 이르게 하셨나이까."
참으로 아름다운 다윗의 마음을 엿봅니다. 그가 왕이 되어 승승장
구하고 있던 어느 날 그는 하나님 앞에 나가서 기도하면서 이렇게
말합니다.
"주 여호와여 나는 도대체 누구입니까? 내가 어떤 사람이기에 하
나님이 나를 축복하시고 여기까지 도달할 수 있도록 저를 인도하
셨읍니까?"
본문에서 다윗이 여호와 앞에 들어갔다는 것은 그가 하나님과 대
화하는 시간을 갖고 있었음을 의미합니다. 그는 귀인이 되어서도,
한 나라의 왕이 되고 난 후에도 하나님과의 관계에서 경건의 시간
을 가졌읍니다. 고요하고 조용한 시간에 하나님의 말씀을 듣고 또
하나님 앞에 자기 자신을 아뢰는 일이 없이는 인간은 자기 성찰의
지혜를 잃어버릴 수 있읍니다. 참으로 다윗은 아름다운 마음을 가
진 왕입니다. 이 지속적인 하나님과의 대화가 없으면 안 됩니다.

어떤 분은 성경은 읽으시는데 기도는 하지 않습니다. 또 어떤 분
은 기도는 하는데 성경을 읽지 않는 사람이 있읍니다. 그런데 우
리가 하나님 앞에 어떻게 말할 수 있읍니까? 기도를 통해서 말할
수 있읍니다. 하나님의 음성은 어떻게 듣습니까? 성경을 통해서
듣습니다. 성경과 기도, 성경을 읽는 생활과 기도하는 생활의 균
형, 이 지속적인 경건의 시간이 얼마나 내 생활 속에 자리잡고 있
읍니까? 경건의 시간을 갖고 있는 만큼 사람의 인격은 그리스도
를 닮을 것이라고 말해도 지나친 말은 아닙니다.
제가 설교를 많이 해 보았읍니다. 개인적으로 성경을 연구하는
시간도 가져 봅니다. 또 많은 성경 그룹도 인도해 보았읍니다. 하
지만 제 신앙을 가장 자라게 만드는 시간은 설교하는 시간이 아니

였읍니다. 가장 내 신앙이 자라는 시간은 내가 개인적으로 하나님
과 갖는 시간뿐입니다. 그 시간을 통해서 나는 내 영혼의 깊숙한
곳을 통찰합니다. 그리고 주님과의 깊은 교제 속에 들어갑니다.
그리고 어느새 조금씩 주님을 닮아가고 있는 자신의 모습을 바라
보면서 나는 기뻐하게 됩니다. 이 지속적인 경건생활이 없이는 결
코 어떤 사람의 신앙도 성장할 수 없읍니다. 그런 의미에서 다윗의
삶은 모범적입니다. 그는 한 나라의 왕이 되어서도 하나님과의 지
속적인 경건의 시간을 갖고 있읍니다.

여섯째로, 다윗은 겸손했읍니다.
본문 18절에서 그가 무엇이라고 말했읍니까?
"나는 누구이오며 내 집은 도대체 무엇이관대 주님이 저를 축복하
셔서 여기에까지 이르게 하셨읍니까?"
다시 말하면 그는 자기의 삶이 하나님의 축복 때문이라는 것을 겸
손히 인정했읍니다. 또 그가 하나님의 성전을 짓겠다고 말할 때에
하나님은 그 일을 허락하지 않으셨읍니다. 그래서 그 다음에 더 중
요한 사실이 등장합니다.

**일곱째로, 다윗은 하나님의 거절을 수용할 줄 아는 인격이
있었읍니다.**
하나님께서 "너를 통해서 성전을 지을 수 없다"고 말씀하셨을 때
우리 같으면 이렇게 반문했을지도 모릅니다.
"제가 왜 실력이 없읍니까? 내 마음대로 할 수 있읍니다. 능력도
있읍니다."
그래서 우리가 성전을 지었다고 합시다. 그러나 그것은 하나님과
는 아무런 상관이 없는 일입니다. 그리고 그 결과는 하나님의 재앙
뿐이었을 것입니다. 그러나 다윗은 하나님이 거절하실 때 겸손하
게 하나님의 거절을 수용할 줄 아는 인격을 지닌 사람이었읍니다.
본문을 읽어 보면 하나님이 안 된다고 말씀하실 때 그때 즉시로 그

이유를 밝히시지는 않은 듯합니다. 이유는 알 수 없지만 내가 구하
는 것을 하나님께서 주시지 않을 때에도 감사할 수 있는지요? 바
로 이 부분에 신앙의 중요한 면이 있읍니다.

　하나님께서는 다윗에게 왜 다윗을 통해서 성전 건축을 허락하지
않으시는지 나중에 그 이유를 밝혀 주셨읍니다.
"너는 너무 피를 많이 흘렸다."
그러나 그렇다고 해서 다윗이 가만히 있었던 것은 아닙니다. 그는
자기 아들이 그 일을 할 것을 믿고 성전 건축에 필요한 모든 재료
를 다 준비해서 그 책임을 자기 아들에게 맡깁니다.
　어찌되었건 우리는 하나님의 "아니오"를 수용할 줄 아는 하나님
의 사람 다윗을 봅니다. 주께서 거절하실 때도 그것을 잘 받아들일
줄 아는 하나님의 사람의 아름다운 모습을 봅니다. 그래서 하나님
이 다윗을 통해서 영광을 나타내신 것입니다. 이렇게 해서 다윗의
삶은 더욱 놀라운 하나님의 축복 속에서 전개됩니다.

10
다윗의 범죄

다윗의 생애의 마지막에 가까운 여러 가지 장면들을 계속해서 추적하겠읍니다. 사무엘하 11장을 보십시오. 본문은 다윗의 생애에 있어서 가장 어두웠던 시간과 가장 커다란 오점을 남긴 범죄가 기록되고 있읍니다. 이 사건과 함께 다윗의 인생은 싸늘한 겨울을 향해서 접어들게 됩니다.

　제가 성경을 특별히 사랑하고 좋아하는 이유가 있읍니다. 우리가 보통 훌륭한 인물들의 자서전이나 또 영웅들의 생애를 기록한 전기를 읽게 되면 그들의 삶이 가능한 대로 미화되어 있는 것을 볼 수 있읍니다. 도무지 그 사람의 약점이나 추한 점이나 오점들을 별로 노출하지 않습니다. 그러나 성경은 위대한 사람의 생애 속에서도 가장 추악했던 인간성의 부분을 전혀 감추지 않고 여지없이 폭로합니다. 인간의 낮과 밤을, 인간의 밝음과 어둠을 동시에 그대로 솔직하게 조명하고 있다는 사실에서 성경에 나타난 진리가 얼마 만큼 인간의 문제를 진실하게 보여 주고 있는지 우리는 말씀 앞에서 겸허하게 배우지 않을 수 없읍니다.

우리가 처음 다윗의 생애를 같이 공부하면서, 주께서 다윗에게 당신의 마음에 합한 사람이라는 별명을 주셨던 것을 기억합니다. 그는 생애를 통해서 여러 가지로 참 하나님의 마음에 드는 좋은 사람이었읍니다. 그러나 그럼에도 불구하고 다윗도 별수없이 인간이었읍니다. 그래서 이 좋은 사람, 이 하나님의 마음에 합한 사람의 생애에서도 인간이기에 때로는 하나님의 말씀에 귀를 기울이지 못하고 주님과 동행하지 못했을 때 저질렀던 실수를 우리는 성경에서 보게 됩니다.

본문인 사무엘하 11장에는 우리아의 아내 밧세바와의 간음의 사건이 기록되고 있읍니다. 이 사건의 중요성을 성경이 어떻게 취급하고 있는지 보기 위해서 사무엘하 11장을 잠시 접어두고 열왕기상 15장 5절을 보겠읍니다.
"이는 다윗이 헷사람 우리아의 일 외에는 평생에 여호와 보시기에 정직히 행하고 자기에게 명하신 모든 일을 어기지 아니하였음이라."
후세의 역사가가 성령의 감동하심을 통해서 다윗의 사적을 기록하면서 이렇게 말합니다.
"다윗이 헷사람 우리아의 일을 제외하고는 평생에 여호와 보시기에 정직히 행했다."
이것은 다윗의 생애에서 거의 유일한 오점이라고 말해도 과언이 아닌 사건이었읍니다. 그러나 이것이 참 깨끗하고 아름다운 다윗의 인생의 장에 먹물을 떨어뜨렸읍니다. 그것이 우리아의 아내 밧세바와의 간음의 사건입니다.

1. 밧세바를 간음함

본문으로 돌아와서 이제 사무엘하 11장 1절 이하 5절의 말씀을 보겠읍니다.

"해가 돌아와서 왕들의 출전할 때가 되매 다윗이 요압과 그 신복과 온 이스라엘 군대를 보내니 저희가 암몬 자손을 멸하고 랍바를 에 워싸고 다윗은 예루살렘에 그대로 있으니라 저녁 때에 다윗이 침 상에서 일어나 왕궁 지붕 위에서 거닐다가 그곳에서 보니 한 여인 이 목욕을 하는데 심히 아름다와 보이는지라 다윗이 보내어 그 여 인을 알아 보게 하였더니 고하되 그는 엘리암의 딸이요 헷사람 우 리아의 아내 밧세바가 아니니이까 다윗이 사자를 보내어 저를 자 기에게로 데려 오게 하고 저가 그 부정함을 깨끗케 하였으므로 더 불어 동침하매 저가 자기 집으로 돌아가니라 여인이 잉태하매 보 내어 다윗에게 고하여 가로되 내가 잉태하였나이다 하니라"(1~5 절).

2. 범죄의 원인

이러한 범죄를 보면서 우리는 다윗이 어쩌다가 갑자기 이런 함정 에 떨어졌는가를 묻지 않을 수 없습니다. 우리는 본문에서 다윗이 이 범죄를 저지른 상황의 배후에 그가 그렇게 되었던 몇 가지 중대 한 원인들을 찾아 낼 수 있습니다. 1절에서 한번 원인을 찾아 보십 시오. 다윗이 왜 범죄했을까요? 성경을 깊이 묵상하는 사람일수 록 성경을 앞에 놓고 질문을 많이 던질 줄 알아야 합니다. "왜"라 는 질문을 던져 보십시오. 그리고 찾아 보시기 바랍니다.

1) 책임의 태만

1절을 다시 한번 보겠읍니다.
"해가 돌아와서 왕들의 출전할 때가 되매 다윗이 요압과 그 신복과 온 이스라엘 군대를 보내니 저희가 암몬 자손을 멸하고 랍바를 에 워싸고 다윗은 예루살렘에 그대로 있으니라."

이 1절을 그냥 지나치지 마십시오. 여기에서 무엇을 발견할 수 있습니까? 자기의 휘하장성들은 다 싸움을 하러 나갔는데 다윗만은 한가롭게 예루살렘에 그대로 머물러 있었던 사실을 놓치지 마십시오. 이것은 전혀 다윗답지 않은 사건입니다. 지금까지 다윗은 전 생애를 통해서 전쟁이 일어날 때마다 언제나 앞장을 서고 있습니다. 그는 언제나 전선에 있었읍니다. 언제나 싸움터의 한복판에서 하나님과 함께 일하고 있었던 장면을 볼 수 있었읍니다. 그러나 유독 다윗의 범죄를 기록하고 있는 이 장면에서는 전쟁이 일어났을 때 그는 자기의 휘하장성들과 그리고 부족국가의 모든 왕들을 싸움에 내보내면서 정작 그 나라의 대표자인 자기는 예루살렘에 한가롭게 머물러 있었다는 사실을 성경의 기자는 놓치지 않고 지적합니다. 다시 말하면 이것은 의무와 책임의 태만을 뜻합니다. 그는 당연히 그에게 부여된 의무와 책임을 태만히 하고 있었다는 사실을 지적하지 않을 수 없읍니다.

옛날 청교도들이 자주 그들의 신앙고백 속에서 이런 이야기를 했읍니다.
"게으른 마음, 나태한 마음은 사단의 공작실이다."
우리가 참으로 게을러질 때, 나태한 자리에 있을 때, 책임을 회피할 때, 의무를 등한히 할 때, 그때 사단은 우리를 범죄와 유혹의 자리로 인도할 수 있다는 사실을 놓쳐서는 안 되겠읍니다.
나는 마땅히 하나님이 내게 기대하시고 내게 주신 의무를 다하고 있는가?
내게 맡겨 주신 책임을 다하고 있는가?
가정인으로서의 책임, 교회인으로서의 책임, 한 사회인으로서의 책임, 인간으로서의 책임, 또 성도로서의 책임 등 이 모든 책임을 나는 참으로 다하고 있는가?
주께서 나에게 부과하신 이 의무들에서부터 후퇴하기 시작할 때 내 삶은 벌써 전락될 수 있는 가능성을 안고 있다는 사실을 우리는 이 말씀 앞에서 발견할 수 있어야 합니다.

2) 게으름

의무와 책임의 태만, 이 사실과 함께 또 하나는 게으름입니다！ 이 게으름에 관해서는 2절의 말씀을 통해서 볼 수 있습니다. 2절을 보겠습니다.

"저녁 때에 다윗이 그 침상에서 일어나 왕궁 지붕 위에서 거닐다가 …"

그는 침상에서 아침에 일어난 것이 아니라 저녁에 일어났다고 기록합니다. 우리는 이 사실에서 다윗이 얼마 만큼 게으름을 피우고 있는지 알 수 있습니다. 낮잠을 실컷 자고 저녁에 어슬렁어슬렁 산책하는 모습에서 벌써 정신이 헤이해진 것을 봅니다. 자기 삶에 대한 인격적인 무장이 흐트러지고 만 것입니다. 그순간 그는 사단이 자기를 향해서 공격해 들어오는 범죄와 유혹의 기회 앞에 자기의 마음을 열어 놓고 맙니다.

어떻습니까? 오늘 우리가 우리의 삶의 의무를 등한히 하고 또 게으른 삶 속에 빠져들 때 내 마음이 어떻게 떠도는지 자기 자신의 마음을 성찰해 보시기 바랍니다. 종종 아주 무력하고 한가하고 그리고 게으른 시간을 보낼 때 우리의 마음 속에서 일어나는 온갖 잡상들을 생각해 보십시오. 이런 것들이 어떻게 우리의 인격의 파괴를 노리고 있는지 말입니다.

그러나 이러한 다윗의 모습과 전혀 반대의 모습을 성경의 한 인물을 통해서 볼 수 있습니다. 느헤미야 6장 2절 이하의 말씀을 보겠습니다. 여기서 느헤미야가 예루살렘에서 성을 건축하여 하나님의 큰 대업을 맞고 있는 그의 삶의 태도를 볼 수 있습니다.

"산발랏과 게셈이 내게 보내어 이르기를 오라 우리가 오노 평지 한 촌에서 서로 만나자 하니 실상은 나를 해코자 함이라."

적들이 여기에서 느헤미야를 유인하고 있는 장면입니다. 그때 느
헤미야의 대답을 보십시오.
"내가 이제 큰 역사를 하니 내려가지 못하겠노라 어찌하여 역사를
떠나 정지하게 하고 너희에게로 내려가겠느냐 하매."
성경에 나타난 사람들 중에서 이 느헤미야처럼 부지런한 사람이
없습니다. 그는 참 근면한 사람입니다. "주께서 내게 맡겨 주신 역
사가 있는데 내가 이 역사를 중단하고 어떻게 이 장소를 떠날 수가
있느냐?"고 하며 주어진 삶의 의무 앞에, 맡겨 주신 성업 앞에 전
심으로 자기의 삶을 드리고 있는 하나님의 사람, 느헤미야의 모습
을 볼 수 있습니다.
    반면에 타락하고 있는 다윗의 모습은 얼마나 대조적입니까? 그
의 방심, 그의 게으름은 벌써 사단을 향해서 기회를 주었습니다.

3) 정욕을 다스리지 못함

한걸음 더 나아가서 다윗이 범죄할 수밖에 없었던 또 하나의 원인
을 발견하게 됩니다. 그것은 한마디로 말하면 그가 정욕을 처리하
지 못했기 때문입니다.
    다시 2절을 보십시오.
"저녁 때 다윗이 그 침상에서 일어나 왕궁 지붕 위에서 거닐다가
그곳에서 보니…"
    성경에서 범죄한 사람들 가운데서 이 "보니"라고 하는 말과 연
결된 사건을 얼마든지 많이 찾을 수 있습니다. 아담과 하와도 무엇
을 보았습니까? 선악을 알게 하는 나무 열매를 보았습니다. 아간
은 범죄할 때 금덩이와 외투를 보았습니다. 이 보는 것을 통해서
범죄 속에 떨어진 많은 사람들이 있습니다. 근본적으로 아담이 에
덴동산에서 범죄할 때 그는 세 가지의 사단의 미끼 앞에 서 있었읍
니다. 사단이 달아 논 세 가지 미끼가 무엇입니까? 선악을 알게
하는 나무의 열매를 보았을 때 그는 어떻게 느꼈읍니까? 첫째는

먹음직했읍니다. 둘째는 보암직했읍니다. 세째는 지혜스럽게 할 만큼 탐스러움이 있었읍니다.

먹음직, 보암직, 지혜스럽게 할 만큼 탐스러움, 이 세 가지 사실을 사도 요한은 신약성경에서 어떻게 기록하고 있는지 요한일서 2장을 통해서 보시기 바랍니다.

요한일서 2장 15절과 16절을 보겠읍니다.
"이 세상이나 세상에 있는 것들을 사랑치 말라 누구든지 세상을 사랑하면 아버지의 사랑이 그 속에 있지 아니하니 이는 세상에 있는 모든 것이 육신의 정욕과 안목의 정욕과 이생의 자랑이니 다 아버지께로 좇아 온 것이 아니요 세상으로 좇아 온 것이라."
이 말씀에서 육신의 정욕은 "먹음직"을 말합니다. 그리고 안목의 정욕은 "보암직"이며, 이생의 자랑은 "지혜롭게 할 만큼 탐스러움"을 뜻합니다.

예수님이 광야에서 사단에게 시험을 받으실 때에 그때에 사단은 예수님에게 찾아와서 맨 처음에 어떻게 시험했읍니까? 처음에 사단은 "이 돌들을 명하여 떡덩이가 되게 하라"고 하여 금식하고 있는 예수님에게 떡을 만들라고 권했읍니다. 이것은 육신의 정욕인 먹음직을 말합니다. 그 다음에 사단은 다시 예수님에게 "천하 만국의 모든 영광을 보여 주며 내게 절만 하면 이 모든 영광을 네게 주겠다"고 말합니다. 이것은 보암직을 뜻하는 안목의 정욕입니다. 그리고 그 다음에 사단은 다시 예수님에게 말하길 "네가 이 높은 성중 꼭대기에서 한번 뛰어내려 보라. 그래서 뛰어내린 다음에 천사로 하여금 네 발을 살짝 들어올리게 하라. 그러면 너는 슈퍼스타가 될 것이다"라고 말합니다. 이 말은 내일 아침 전 세계의 TV 뉴스에 톱뉴스로 나가게 될 것이고 그러면 너는 스타가 될 것이라는 이야기입니다. 이것이 바로 이생의 자랑입니다.

사단은 언제나 이 세 가지 미끼를, 즉 육신의 정욕과 안목의 정욕과 이생의 자랑을 가지고 인간을 향해서 도전해 오고 있읍니다. 이 세 가지 중에 하나가 안목의 정욕이라는 사실을 놓치지 마십시오.

주일학교 꼬마들이 부르는 복음성가 중에 "네 눈이 보는 것 조심해"라는 노래가 있읍니다. 그렇습니다. 참 조심할 필요가 있읍니다.

한번 시편 기자의 이런 간증을 들어 보십시오. 시편 119편 37절에 보면 시편 기자는 주님 앞에서 이런 기도를 합니다.
"내 눈을 돌이켜 허탄한 것을 보지 말게 하시고 주의 도에 나를 소성케 하소서."
그러므로 나를 유익하게 하지 못할 사건이나 상황을 향해서 우리의 시선을 던지지 말도록 안목의 정욕을 잘 관리할 필요가 있읍니다. 다윗은 바로 이 점에서 실패했읍니다.

욥도 어느 날 이런 간증을 남겼읍니다.
"나는 내 눈과 더불어 계약을 했다. 내 눈과 더불어 약속을 했다."
영광스런 말씀을 보며, 그리고 하나님의 거룩한 말씀을 따라 살아가는 영광스런 삶 앞에 내 시선을 돌리겠다는 이야기입니다. 다윗의 실패는 바로 이 안목의 정욕을 관리하지 못한 데에 있었읍니다.

4) 영적인 삶이 정지됨

다윗이 실패한 또 다른 원인을 지적할 수 있읍니다. 이 순간 다윗에게 영적인 삶이 정지되어 있었던 모습을 봅시다. 그는 영적인 삶이 정지되어 있었읍니다. 다윗이 이러한 유혹을 받은 상황 전후에 어느 곳에선가 기도한 일이 있읍니까? 없읍니다. 그가 우리아의 아내를 보았다고 합시다. 보는 것까지는 어쩔 수 없는 일입니다. 그러나 다윗만 책임이 있는 것이 아니라 이 여자도 상당한 책임을 져야 합니다. 이 여자도 책임의 영역에서 면제될 수 없읍니다. 이 여인도 다윗과 마찬가지로 규탄을 받아야 마땅합니다. 그런데 이 사건 전후에 "주님! 제 마음이 잘못된 방향에서 움직이고 있읍니다. 제가 시험에 들지 않도록 지켜주시며 범죄하지 않도록 지켜주십시오"라는 기도가 다윗에게 없었읍니다. 전혀 그런 기도가 없읍니다. 대체로 하나님의 사람들이 범죄하는 장면을 보면 그 사건의 전후 상황 속에 반드시 없는 것 하나가 있읍니다. 그것은 기도입니다. 영적인 삶이 정지되어 있을 때 우리의 지속적인 기도와 지속적으로 말씀을 공급받는 일, 그리고 성령 안에서 삶을 걸어가는 일을 그칩니다. 사단는 바로 그 기회를 노립니다.

5) 성생활의 방종

다윗의 이 날의 실패 속에서 또 하나 지적되어야 할 원인은 평소에 성생활의 방종입니다. 구약 시대에 하나님이 일시적으로 간혹 여러 명의 아내를 허용하시기는 했지만 그것은 당신의 합당한 뜻에 의해서가 아닙니다. 그것은 여전히 하나님의 창조적인 계획과 뜻이 아니었읍니다. 창세기의 기사에서부터 분명히 그리고 확실하게 부부생활을 향한 하나님의 경륜은 일대 일의 관계였읍니다. 일부일처의 관계였읍니다.

"이러므로 (한) 사람이 그 부모를 떠나 한 여자에게 합하여 둘이 한 몸을 이룰지로다."

창조의 기사에서 분명히 볼 수 있는 부부의 관계는 일대 일의 관계라는 사실을 성경은 분명히 보여 주고 있읍니다. 그런데 다윗은 지금까지 아내를 너무 많이 두었읍니다. 그러니까 너무 많이 둔 사람은 아내를 또 하나 보태는 것이 별 문제가 아니였을 것입니다. 하나 더 보태기 시작하면 계속 보낼 수 있읍니다. 바로 이러한 삶이 다윗에게 이 시험과 방종과 유혹의 기회를 증가시키고 있었음을 성경에서 볼 수 있읍니다.

6) 범죄의 연속성

그래서 사건은 어떻게 전개됩니까?

사무엘하 11장 3절 이하의 말씀을 보겠읍니다.

"다윗이 보내어 그 여인을 알아 보게 하였더니…"

여기에 또 하나 원인이 있읍니다. 그것은 자기의 삶에 위기를 느꼈을 때 거기에서 중단하지 못하였다는 데 있읍니다. 그는 계속 갔읍니다. 어디까지 갔읍니까? 계속 보겠읍니다.

"다윗이 보내어 그 여인을 알아 보게 하였더니 고하되 그는 엘리암의 딸이요 헷사람 우리아의 아내 밧세바가 아니니이까 다윗이 사자를 보내어 저를 자기에게로 데려오게 하고 저가 그 부정함을 깨끗케 하였으므로 더불어 동침하매 저가 자기 집으로 돌아가니라."

이것으로 모든 역사적인 사건은 끝납니까? 아닙니다. 그 다음 5절을 보겠읍니다.

"여인이 잉태하매 보내어 다윗에게 고하여 가로되 내가 잉태하였나이다."

이래서 이 유명한 문제는 이제부터 시작됩니다.

3. 범죄를 은폐함

6절 이하의 말씀을 보겠읍니다.

"다윗이 요압에게 기별하여 헷 사람 우리아를 내게 보내라 하매… 우리아에게 이르되 네 집으로 내려가서 발을 씻으라 하니 우리아가 왕궁에서 나가매 왕의 식물이 뒤따라 가니라 그러나 우리아는 집으로 내려가지 아니하고 왕궁 문에서 그 주의 신복들로 더불어 잔지라."

밧세바의 남편인 우리아는 전쟁터에서 전쟁을 하고 있었읍니다. 다윗은 자기가 중대한 실수를 범했다는 사실을 깨달은 그 순간 자기의 범죄를 은폐하기 위한 "방어기재"를 사용하기 시작합니다.

그래서 이제 자기 합리화를 시도하기 시작합니다. 그래서 전선에 가 있는 남편을 돌아오게 해서 집에서 편히 쉬도록 했읍니다. 그러나 그렇게 자비를 베푸는 척하는 그 바탕에 깔린 것은 무섭도록 간사하고 치사한 음모였읍니다. 그것은 우리아가 자기 아내와 시간을 보내면 후에 내 아들이 아니라 네 아들이라고 책임 전가를 하기 위해서였읍니다.

세상에 이렇게 치사할 수가 있읍니까? 하나님의 마음에 합한 사람이라고 일컬어졌던 다윗이 이런 자리까지 전락될 수 있읍니까? 그것이 인간입니다. 그래서 성경은 "무릇 섰다 하는 자는 넘어질까 조심하라"고 말합니다. 이 말씀이 얼마나 진리인지 우리는 이 말씀에서 다시 한번 확인하게 됩니다.

잠시의 쾌락 때문에 이 중대한 실수를 저지르고 그 대가를 지불해야만 했던 다윗의 비참한 모습을 우리는 사무엘하 11절 이하에서 계속적으로 보게 됩니다.

14절 이하의 말씀을 보겠읍니다.

"아침이 되매 다윗이 편지를 써서 우리아의 손에 부쳐 요압에게 보내니 그 편지에 써서 이르기를 너희가 우리아를 맹렬한 싸움에 앞세워 두고 너희는 뒤로 물러가서 저로 맞아 죽게 하라 하였더라 요압이 그 성을 살펴 용사들의 있는 줄을 아는 그곳에 우리아를 두니 성 사람들이 나와서 요압으로 더불어 싸울 때에 다윗의 신복 중 몇 사람이 엎드러지고 헷사람 우리아도 죽으니라 요압이 보내어 전쟁의 모든 일을 다윗에게 고할새."

다윗의 계교는 드디어 성공을 했읍니다. 우리아는 죽었읍니다. 그래서 그는 자기가 범한 범죄가 영원히 미해결의 범죄로, 은폐된 것으로 생각했읍니다. 그러나 그렇지 않습니다.

사람들은 범죄하려고 할 때마다 언제나 하나님을 계산에 넣지 않습니다. 다시 말하면 아무도 나를 보지 않는다고 생각한다는 이야기입니다. 하나님을 믿던 사람까지도 하나님의 백성들이 범죄할 때 하나님이 이 현장을 보고 계신다는 사실을 인정하지 않습니다. 의도적으로 그 사실을 피하려고 합니다. "하나님이 지금 나를 보시고 계신다. 주께서 불꽃 같은 안목으로 이 상황과 이 모습과 그리고 이 사정을 통찰하고 계신다"는 사실을 묵살하려고 합니다. 왜냐하면 하나님은 당장 우리의 육안으로는 발견되지 않기 때문입니다. 내가 이 현실만 모면하면 모든 문제는 해결될 수 있을 것이라고 생각합니다.

그러나 성경은 기록하기를 "하나님보시기에 다윗의 소위가 악했더라"고 전해 줍니다. 다윗의 범죄는 영원히 은폐되지 못했읍니다.

4. 하나님의 경고

이제 상황은 달라지기 시작합니다.

사무엘하 12장 1절을 보겠읍니다.

"여호와께서 나단을 다윗에게 보내시니."

이제부터는 하나님의 추적이 시작됩니다. 사람들은 이 사건의 범인이 누구인가를 모르고 이 사건을 영원한 미해결의 난제로 처리해 버리고 말았읍니다. 그러나 이제부터 하나님의 활동은 시작됩니다. 하나님의 사역은 이제부터 시작됩니다. 하나님이 나단을 보냅니다. 그래서 나단은 다윗왕에게 와서 한 사건을 하나의 이야기 형식으로 엮어서 보고합니다. 그러면서 이 이야기의 절정에 이르러 나단이 다윗에게 "당신이 그 사람이라"고 지적합니다. 나단이 다윗을 향해서 "당신이 그 사람이오"라고 말했을 때 그 다음 순간의 다윗의 모습을 보고 저는 다윗을 참으로 존경하고 싶은 마음이 생겼읍니다. 이것이 참 어려운 순간입니다. 한 나라의 왕으로서 자기의 죄를 인정하지 않으면 안 될 궁지에 몰린 것입니다. 그에게는 아직까지도 증거가 뭐냐고 계속해서 도피할 수 있는 가능성이 얼마든지 있었읍니다. 그러나 이제 하나님께서 나단을 보내서 자기의 이 일을 파헤치셨다는 사실을 겸손히 깨닫자마자 다윗은 이 사건과 이 사실 앞에 어떤 반응을 보입니까? 다윗이 무엇이라고 말을 합니까?

5. 죄의 고백

그 다음 13절을 보시기 바랍니다. 이 13절은 나단 선지자의 이야기에 대한 다윗의 응답입니다.

"다윗이 나단에게 이르되 내가 여호와께 죄를 범하였노라 하매 나단이 다윗에게 대답하되 여호와께서도 당신의 죄를 사하셨나니 당신이 죽지 아니하려니와."

그는 왕이라는 신분에도 불구하고 자기의 죄가 정면으로 지적을 당했을 때 그 순간 더 이상 도피하지 않습니다. 왜냐하면 이 일은 하나님이 하셨다는 사실을 알았기 때문입니다. 다윗의 "내가 하나님 앞에 죄를 범했읍니다"라는 고백이 있자마자 나단 선지자는 다시 하나님의 말씀을 전합니다.

"하나님이 당신의 죄를 사하셨읍니다."

한 성경학자는 다윗의 위대성은 그가 골리앗이라는 한 거인을 무너뜨린 데에 있는 것이 아니라 자기의 잘못을 시인하고 하나님 앞에서 돌아섰다는 데 있다고 말했읍니다. 이 모습에서 우리는 하나님의 사람다운 아름다운 모습을 볼 수 있읍니다. 그러나 다윗은 참으로 뼈아픈 마음으로 자기의 죄를 인정하면서 하나님 앞에 돌아오는 이 뼈아픈 고통스러운 경험의 순간을 통과하지 않으면 안 되었읍니다.

좀더 깊숙이 다윗의 마음을 알기 위해서 시편 51편을 보겠읍니다. 시편 51편의 제목으로 이렇게 씌어 있읍니다.

"다윗의 시, 영장으로 한 노래, 다윗이 밧세바와 동침한 후 선지자 나단이 저에게 온 때에."

사무엘하에서는 역사를 기록하면서 다윗이 하나님 앞에 죄를 범했다는 사실을 인정했다는 정도로만 간단히 소개하고 끝나 버립니다. 그러나 시편에서는 좀더 구체적으로 다윗이 하나님 앞에 어떻게 자기 죄를 자복하고 있는지 보여 줍니다.

"하나님이여 주의 인자를 좇아 나를 긍휼히 여기시며 주의 많은 자비를 좇아 내 죄과를 도말하소서 나의 죄악을 말갛게 씻기시며 나의 죄를 깨끗하게 제하소서."

"내 죄과를 도말하소서"라는 말씀에서 "죄과"라는 말이 복수로 되어 있읍니다. 다시 말하면 나의 개인적이며, 구체적이며, 의도적이요, 계획적인 이 범죄들을 주님이 이제 도말해 주시라는 이야기입니다.

이 "도말"이란 본래 빚을 갚으면 빚 문서를 지워버리는 일이 히브리인의 습관 가운데 있었는데 그때 사용되는 말입니다. 추한 범죄가 초래한 오염의 기록을 지우고 싶어하는 절박한 다윗의 호소입니다.

"하나님, 찢어 버리고 싶습니다. 내 인생의 장을 다시 쓰고 싶습니다. 이 떨어진 검은 먹물을 나는 볼 수가 없읍니다. 하나님, 내가 빚 문서를 찢어 버리고 싶은 심정으로 내 이 죄과를 도말해 버리고 싶습니다."

다윗의 이 절박한 호소를 우리는 이 부분에서 들을 수 있읍니다. 처벌받아 마땅한 내가 처벌의 중지를 호소할 곳은 주님의 인자, 주님의 사랑밖에는 없다는 사실을 다윗은 발견합니다. 또 많은 자비를 다윗은 호소합니다. 이 많은 자비란 많은 범죄를 전제합니다.

도말만 가지고는 부족합니다. 그는 한걸음 더 나아가서 2절 끝에 "깨끗이 제하소서"라고 말합니다. 나의 죄악을 말갛게 씻기시며 깨끗이 제하소서 완전히 상처가 없어질 때까지 씻겨 주소서. 옷을 빨듯, 빨래를 하듯, 이것들을 말갛게 씻어 주옵소서! 그렇습니다. "나의 죄과를 깨끗이 제하소서"라는 이 표현은 본래 히브리

사람들이 문둥병자를 씻길 때 쓰는 표현입니다.

"빚을 갚듯, 옷을 빨듯, 문둥병자를 씻기듯이, 하나님이여, 하나님의 능력과 하나님의 치유 앞에 내가 희망을 겁니다. 하나님의 능력으로 내 죄를 도말하소서."

이어지는 3절과 4절을 보십시오.

"대저 나는 나의 죄과를 아오니 내 죄가 항상 내 앞에 있나이다 내가 주께만 범죄하여 주의 목전에 악을 행하였사오니 주께서 말씀하실 때에 의로우시다 하고 판단하실 때에 순전하시다 하리이다."

정직한 자백입니다. "나는 이제 나의 죄과를 압니다. 내 죄가 항상 내 앞에 있나이다"라고 하여 그는 자기 앞에 있는 죄를 직시하기 시작합니다. 자기 눈앞에 재현되고 있는 죄, 잊을 수 없는 자기의 죄, 그는 자기의 추한 모습을 생생하고 철저하게 인식하기 시작합니다.

"내가 주께만 범죄하여"라는 이 말은 사람에게는 범죄하지 않았다는 말이 아닙니다. 사람에게 범한 범죄도 궁극적으로 이것은 하나님 앞에서의 범죄인 것을 내가 인정한다는 고백입니다. 다시 말하면 이러한 이야기입니다.

"주님은 나의 범죄의 처음과 나중을 보셨읍니다. 내가 범죄하고 있었을 때 하나님의 눈동자는 나를 따르고 계셨읍니다. 내 손짓을, 내 발짓을, 내 생각을, 내 간교함을 , 내 마음의 간사함을, 거센 욕정의 불길로 타던 지옥의 오염같은 내 심장의 헐떡임을, 뱀의 혀처럼 날름거리던 내 목소리와 그리고 내 심장을, 내 철저한 부패와 오염을 하나님은 보셨읍니다."

또 "주께서 말씀하실 때 의로우시다 하고 판단하실 때에 순전하시다 하리라"는 이야기는 이런 이야기입니다.

"내가 만약 지옥의 판결을 받는다 해도 하나님, 나는 이의가 없읍니다. 하나님의 판단은 공평하십니다. 하나님의 판단은 정직하시고 하나님의 판단은 정확하십니다. 하나님, 내가 죄인이라는 이 하나님의 선고 앞에, 하나님의 정죄 앞에 저는 이의가 없읍니다."
그는 자기의 범죄를 하나님의 기준에서 동의하고 있읍니다.

계속되는 5절 말씀을 보겠읍니다.
"내가 죄악 중에 출생하였음이여 모친이 죄 중에 나를 잉태하였나
이다."
그는 한걸음 더 나아가서 죄의 뿌리를 캐기 시작합니다. 죄의 근원
을 캐기 시작합니다. 이 말씀은 어머니를 원망하고 있는 이야기가
아닙니다. 출생 그 자체를 원망하는 것은 아닙니다. 이 말은 다시
정리하면 이런 뜻입니다.
"내가 이번만 죄를 범한 것이 아닙니다. 내 속에는 불가사의한 죄
의 성품이 있읍니다. 내가 인간으로 태어날 그때부터 내 속에 정말
내가 피할 수 없었던 죄악의 씨가 속마음에 도사리고 있었다는 사
실을 나는 인정합니다. 내 인생의 시냇가만 오염된 것이 아니라 이
시내의 근원까지 오염되어 있었다는 사실을 나는 이제 비로소 봅
니다."
죄악의 깊은 실존을 그는 하나님 앞에서 확인하고 있읍니다.

그리고 그는 7절에서 이렇게 고백합니다.
"우슬초로 나를 정결케 하소서 내가 정하리이다 나를 씻기소서 내
가 눈보다 희리이다."
우슬초는 스폰지 같은 식물입니다. 이것은 구약 시대에 제단에 제
물을 드린 후에 그 피묻은 더러운 단을 닦는 데 사용하던 식물입니
다. 피묻은 단을 우슬초로 닦으면 깨끗이 없어집니다. 그 당시에
다른 것으로써는 제단의 피를 지울 수 없었읍니다. "하나님, 우슬
초로 나를 씻겨 주소서. 이 죄악의 기록을 지워 버리고 싶습니다.
그러면 내가 눈보다 더 희어질 것입니다. 하나님이 하실 수 있는
하나님의 방편으로 내 죄의 문제를 해결해 주시기를 원합니다"라
는 다윗의 절박한 소원을 이 말씀에서 접하게 됩니다.

　8절을 보십시오.
"나로 즐겁고 기쁜 소리를 듣게 하사 주께서 꺾으신 뼈로 즐거워하
게 하소서."
이 장면에서 이제 다윗은 용서의 선포를 듣고 싶어하는 열망을 고
백하고 있읍니다. "즐겁고 기쁜소리." 이렇게 죄인에게 그의 죄
가 용서받았다는 사실보다 더 기쁜 소식이 어디에 있읍니까? 감
옥에 들어가 있는 죄수에게 양식을 주어 보십시오. 감옥에 들어가
있는 죄수에게 명예를 주어 보십시오. 감옥에 들어가 있는 죄수에
게 쾌락을 주어 보십시오. 죄수는 아마 이렇게 말할 것입니다.
"내가 참으로 원하는 것은 자유입니다. 여기에서 나가기를 원합니
다. 자유인이 되기를 원합니다."
주께서 꺾으신 뼈로 즐겁고 기쁜 소리를 듣게 하시라는 말은 어떤
이야기입니까? 죄에 대한 자책이 그의 가슴을 누르고 있었을 때,
그 무거움과 부담을 그는 알았읍니다. 범죄했을 때 그는 음악을 잃
어버렸읍니다. 범죄하자마자 구원의 기쁨을 그는 잃어버렸읍니다.
그래서 그는 이렇게 말합니다.
"내가 주님을 알았을 때 주님께서 내 속에 주셨던 그 음악을, 그
아름다운 영감스런 멜로디를 내가 범죄하자마자 잃어버렸읍니다."
그러나 그는 이제 이렇게 기도합니다.
"주여, 나로 하여금 음악을 되찾게 하소서. 찬양을 되찾게 하옵소
서."

　11절을 보십시오.
"나를 주 앞에서 쫓아내지 마시며 주의 성신을 내게서 거두지 마소
서."
그는 왜 범죄했는가를 생각했을 것입니다. 그리고 하나님이 자기
와 함께 계신다는 그 사실을 망각했을 때, 또 하나님의 도움을 떠
났을 때에 범죄하게 되었다는 사실을 발견하면서 지금 주님 앞에
서 있다는 사실이 얼마나 귀한 것인가를 깨달은 것입니다. 그래서

그는 "나를 주 앞에서 쫓아내지 마시고 주의 성신을 내게서 거두어 가지 마소서"라고 고백하고 있읍니다. 이것은 다시 말하면 이런 고백입니다.

"성령님이 함께 하시고 성령님이 도와 주시면 내가 승리할 수 있지만 성령님이 나를 그대로 방치하면 나는 범죄할 수밖에 없는 연약하고 무능한 인간임을 이제 발견합니다."

이런 고백과 함께 이제 12절에서 그는 드디어 회복의 기도를 드립니다.

"주의 구원의 즐거움을 내게 회복시키시고…"

성도가 범죄하면 구원을 잃어버립니까? 아닙니다. 그러나 구원의 즐거움을 잃어버릴 수는 있읍니다. 우리가 범죄할 때 구원이 잃어버려지는 것은 아닙니다. 그러나 내가 구원받았을 때의 그 즐거움과 기쁨을 잃어버릴 수는 있읍니다. 그래서 그는 이제 다시 기도합니다.

"주의 구원의 즐거움을 내게 회복시키시고 자원하는 심령을 주사 나를 붙드소서."

다시 주님을 자발적으로 섬기고 싶어했던 그 마음의 열망을 기도하는 다윗을 보십시오. 내 마음 속에서 솟아오르던 한 날의 열정을, 주님을 향해서 내 마음을 바치고 싶었던 자원하는 심령을 다시 주시기를 열망하는 기도를 드리고 있읍니다.

계속되는 19절의 말씀을 보십시오.

"그때에 주께서 의로운 제사와 번제와 온전한 번제를 기뻐하시리니 저희가 수소로 주의 단에 드리리이다."

이 마지막 절의 배경이 도대체 무엇입니까? 16절에 보면 "주는 제사를 즐겨 아니하시나니"라는 말씀이 기록되어 있읍니다. 우리가 죄 문제를 해결하지 못한 채 종교적인 의식 속에 아무리 참여해도 그것은 의미가 없다는 이야기입니다.

그래서 시편 기자는 말합니다.

"주님은 제사를 즐겨하지 아니하시나니 그렇지 않으면 내가 드렸을 것이라 그러나 주는 번제를 기뻐하지 아니하시나이다"(16절). 자기의 죄 문제를 해결하지 못하고, 하나님의 용서를 체험하지 못하고 교회에 나와 봐야, 종교의식에 참여해 봐야 이 모든 의식이 하나님 앞에서 그리고 내 마음 속에 전혀 의의가 없다는 이야기입니다. 그는 비로소 깨달았읍니다. 하나님이 구하시는 제사는 상한 심령인 것을! 교회에 출석하고, 예배를 드리고, 찬송을 하고, 기도를 하고, 교회의 어떤 부서에서 봉사를 하는 것보다 더 중요한 것이 있읍니다. 그것은 내 근원적인 문제가 해결되는 것입니다. 내 마음이 하나님과 올바른 관계를 갖는 일입니다. 이 말은 종교적인 의식이나 행사가 다 필요없다는 이야기는 아닙니다.

다시 시편 51편 19절을 보십시오.

"그때에 주께서 의로운 제사와 번제와 온전한 번제를 기뻐하시리니 저희가 수소로 주의 단에 드리리이다."

그때에 비로소 주께서 의로운 제사와 번제와 온전한 번제를 기뻐하실 것입니다.

당신은 아직까지 마음과 영혼의 깊은 곳에 해결하지 못한 어떤 죄 문제가 있읍니까? 그렇다면 봉사하시지만, 교회에 참여하지만, 의식에 참여하지만, 당신의 마음 속에는 기쁨이 없을 것입니다. 그리고 하나님이 당신을 받아 주실 수 없다는 사실을 기억하십시오. 그러나 근원적으로 이 죄악의 문제를 숨기지 않고 하나님 앞에 나와서 자복해 보십시오. 그리고 주님의 흘리신 피로 이 모든 것을 용서받았다는 죄사함과 참된 기쁨과 영광스런 즐거움을 회복하시기 바랍니다. 그때에 비로소 당신이 드리는 예배가 하나님 앞에 열납될 수 있읍니다. 내가 하나님 앞에 드리는 찬양을 주께서 받으실 수가 있읍니다. 내가 주께 드리는 기도를 주께서 들으실 수가 있읍니다. 그때에 우리의 모든 종교적인 행사와 우리의 모든 몸짓은 비로소 의미를 지닙니다.

다윗은 그가 범죄하고 그 범죄를 은폐하고 있는 동안에도 교회에 나갔을지도 모릅니다. 죄의 문제를 해결하지 않고 그것을 은폐하고 있는 동안에도 사람들을 만나면 그는 좋은 이야기를 하고 있었을지 모릅니다. 그러나 마음의 밑바닥에, 자기 의식의 밑바탕에서 영혼이 소리치고 있었읍니다. 하나님이 말씀하시고 있었읍니다. "이 예배를, 이 찬송을, 이 기도를 내가 받을 수 없단 말이야, 해결하라"고 말입니다.

해결하십시오. 당신의 죄 문제를!

11
하나님의 징계와 다윗의 죽음

다윗의 인생의 석양과 죽음을 둘러싼 그의 최후의 모습을 살펴봅시다. 앞에서 다윗의 생애의 절정에서 그가 저질렀던 무서운 범죄를 생각해 보았읍니다. 물론 다윗의 범죄는 분명히 사함을 받았읍니다. 그러나 그가 뿌린 씨를 스스로 거두는 뼈아픈 시간이 계속되고 있음을 우리는 그의 역사를 통해서 알게 됩니다.

사무엘하 12장 9절 이하의 말씀을 보겠읍니다. 이 부분은 나단을 통해서 다윗의 범죄가 하나님께 지적된 후에 다시 주께서 나단 선지자를 통해서 다윗에게 주신 말씀입니다.
"그러한데 어찌하여 네가 여호와의 말씀을 업신여기고 나 보기에 악을 행하였느뇨 네가 칼로 헷사람 우리아를 죽이되 암몬 자손의 칼로 죽이고 그 처를 빼앗아 네 처를 삼았도다 이제 네가 나를 업신여기고 헷 사람 우리아의 처를 빼앗아 네 처를 삼았은즉 칼이 네 집에 영영히 떠나지 아니하리라 하셨고 여호와께서 또 이처럼 이르시기를 내가 네 집에 재화를 일으키고 내가 네 처들을 가져 네

눈앞에서 다른 사람에게 주리니 그 사람이 네 처들로 더불어 백주에 동침하리라 너는 은밀히 행하였으나 나는 이스라엘 무리 앞 백주에 이 일을 행하리라 하셨나이다."

다윗의 범죄에 대한 하나님의 징계가 시작됩니다. 본문 11절과 12절에서 하나님은 다윗이 은밀히 행한 범죄로 인하여 이제 모든 사람이 보는 앞에서 죄를 다스리시겠다고 선언하십니다. 그리고 13절에서는 다윗이 자기 범죄에 대해 정직히 인정하는 것을 볼 수 있읍니다.

"내가 여호와께 죄를 범하였노라."

그러나 하나님께서는 다윗의 이러한 태도에 선지자 나단을 통해서 죄를 사하셨다고 말씀하시는 것을 볼 수 있읍니다. 그러므로 다윗의 죄는 사함을 받았읍니다.

1. 아이의 죽음

그러나 그 다음 장면이 중요합니다. 그가 용서함을 받은 것은 사실이지만 본문 14절은 이제 그 대가로 다윗이 낳은 아이가 죽으리라고 선언합니다.

"이 일로 인하여 여호와의 원수로 크게 훼방할 거리를 얻게 하였으니 당신의 낳은 아이가 정녕 죽으리이다 하고."

이 말씀을 달리 해석해 보겠읍니다.

"하나님의 원수인 사단으로 하여금 훼방할 거리를 얻게 하였으므로 네가 낳은 아이가 죽을 것이다."

다윗의 죄는 분명히 사함을 받았읍니다. 그러나 그가 뿌린 씨를 거두는 뼈아픈 시간이 이제부터 계속되리라는 하나님의 준엄한 선언입니다.

적어도 사무엘하 12장 이하를 계속 읽어 보면 주님이 예언하신 그대로 일곱 가지의 중대한 결과들이 잇달아 일어납니다. 이제 우리는 그 결과들을 살펴보도록 하겠읍니다.

먼저 12장 15절의 말씀을 보겠습니다. 이 부분은 다윗이 간음했던 우리아의 처가 낳은 첫아들에 관한 기사가 기록되어 있습니다. "우리아의 처가 다윗에게 낳은 아이를 여호와께서 치시매 심히 앓는지라."

이 말씀은 주께서 말씀하신 그대로 우리아가 낳은 첫아들이 앓다가 결국은 죽게 되는 장면을 보여 줍니다. 다윗은 과거에 우리아의 아내 밧세바를 얻기 위해서 우리아를 살해한 일이 있었습니다. 그런데 다윗은 우리아의 아내를 통해서 낳은 자기의 아들이 7달만에 죽은 이 끔찍한 죽음을 통해서 자기의 죄악에 대한 삯을 지불하고 있는 모습을 볼 수 있습니다.

이어지는 18절을 보겠습니다.

"이레만에 그 아이가 죽으니라."

그 아이는 이레만에 죽었습니다. 그러나 그 다음에 하나님께서는 그에게 또 다른 아들을 주십니다. 우리아의 아내를 통해서 솔로몬을 다윗에게 허락하십니다. 하나님께서는 죄는 엄격하게 다스려져야 한다는 사실을 우리아의 아내가 낳은 다윗의 첫아들을 통해서 보여 주신 것입니다. 그러나 둘째 아들인 솔로몬을 통해서 하나님은 다윗이 울며 회개할 때 다시 그를 쓰시겠다는 위로를 보여 주십니다.

이제 24, 25절 말씀을 보겠습니다.

"다윗이 그 처 밧세바를 위로하고 저에게 들어가 동침하였더니 저가 아들을 낳으매 그 이름을 솔로몬이라 하니라 여호와께서 그를 사랑하사 선지자 나단을 보내사 그 이름을 여디디야라 하시니 이는 여호와께서 사랑하심을 인함이더라."

솔로몬은 다른 이름으로 『여디디야』라는 이름을 하나님에게서 받았습니다. 이 말의 뜻은 "여호와께 사랑을 입음"입니다. 하나님께서는 첫아들을 통해서 죄가 얼마나 무서운 결과를 가져오는지 보여 주셨습니다. 그러나 반면에 하나님께서는 또 다른 아들을 통해

서 우리가 진지하게 회개하고 돌아섰을 때 하나님 앞에 다시 사랑
받고 다시 축복을 받을 수 있다는 사실을 이 두 가지 대조적인
사건을 통해서 보여 주십니다. 죄는 얼마나 무서운 것입니까? 회
개는 얼마나 아름다운 것입니까?

2. 암논의 간음사건

계속해서 사건은 지속됩니다.
  사무엘하 13장 1절을 보겠읍니다.
"다윗의 아들 압살롬에게 아름다운 누이가 있으니 이름은 다말이
라 다윗의 아들 암논이 저를 연애하나."
다윗의 아들 압살롬이라는 인물이 등장합니다. 이 아들은 후에 자
기 아버지를 반역합니다. 그런데 압살롬에게는 다말이라는 아름다
운 누이가 있었다고 본문은 기록하고 있읍니다.
  2절 이하의 말씀을 계속해서 읽어 보면 다윗의 큰 아들 암논이
그의 이복누이였던 다말을 간음하는 간음 사건이 일어납니다. 다
윗의 사건들은 마치 다윗의 지나간 행적을 보는 듯합니다. 그리고
이 사건은 부모 한 사람의 범죄가 구체적으로 자손들의 생애를 통
해서 어떻게 다시 반복되는지를 보여 주고 있읍니다. 나의 범죄는
나 한 사람의 범죄로 끝날 수 없다는 데에 범죄의 비극이 있읍니
다."그 범죄한 자는 그 죄과를 자손 삼사대까지 이르게 하고"라고
말씀하신 이 십계명의 선언은 얼마나 엄격하며 정확한 진리입니
까? 자손들의 생애를 통해서 아버지의 범죄가 그대로 되풀이되고
있는 이 사건을 주목해서 보십시오.

  그 사건에 이어서 다말의 오라비 압살롬의 복수의 사건이 시작
되는 것을 보게 됩니다. 그는 자기의 누이를 범한 암논을 죽입니
다. 본문 13장 28절, 29절 말씀을 보겠읍니다.
"압살롬이 이미 그 사환들에게 분부하여 이르기를 너희는 암논의

마음이 술로 즐거워할 때를 자세히 보다가 내가 너희에게 암논을
치라 하거든 저를 죽이라 두려워 말라 내가 너희에게 명한 것이 아
니냐 너희는 담대히 용맹을 내라 한지라 압살롬의 사환들이 그 분
부대로 암논에게 행하매."
다윗의 후손들의 가정에서 계속적으로 일어나고 있는 이 끔찍한
살인의 비극은 무엇을 말해 줍니까? 이 살인의 죄는 누구의 죄였
읍니까? 다윗의 범죄였읍니다. 한 여인 밧세바를 부정당한 방법
으로, 하나님이 기뻐하시지 않는 방법으로 자기의 손에 넣기 위해
서 끔찍한 살인의 범죄를 저질렀던 다윗의 범죄가 그 후손들의 생
애를 통해서 다시 나타나고 있는 이 사건을 주목해서 바라보십시
오. 간음의 범죄도, 살인의 범죄도 그 후손들의 생애를 통해서 그
대로 재현됩니다. 그래서 압살롬의 종들이 암논을 죽이기 위해서
그를 술취하게 만들고 마침내 이 살인의 끔찍한 비극이 일어납니
다.

　28절에 보면 압살롬이 암몬을 죽이는 과정에서 그를 술로 유인
합니다.
"암논의 마음이 술로 즐거워할 때를 자세히 보다가 내가 너희에게
암논을 치라 하거든."
이 작전과 전략을 어디에서인가 본 것 같지 않으십니까? 다윗은
우리아를 술을 먹여서 바로 지금과 똑같은 전략을 통해서 그를 곤
경에 몰아 넣었던 그 사실이 생각나시지 않습니까? 이 행동은 바
로 다윗에게서 배운 것입니다. 부전자전입니다. 그래서 이 후손들
의 생애에서 발생한 간음과 살인과 거짓말과 교란과 간교함의 모
든 비극들이 그대로 나타나고 있는 이 광경들을 보십시오. 부모 한
사람의 행동이 얼마나 중요합니까? 자식들은 부모의 행동을 통해
서 그것을 찬동하든 그렇지 않은 간에 그들의 의식과 무의식 속에
서 얼마나 부모의 행동을 그대로 답습합니까?
　저의 큰 아들 황이가 한번은 의자에 앉아서 계속 발을 흔듭니다.

그 행동이 얼마나 보기 싫었는지 한바탕 야단을 쳤읍니다. 그랬더니 옆에 있던 집사람이 황이가 왜 그러는 줄 아느냐고 제게 묻습니다. 그러면서 발을 흔드는 그 행동이 바로 아빠가 하는 행동 그대로라고 말합니다. 얼마나 자식들은 부모의 행동을 그대로 배우는지요? 여기에 부모된 사람들의 책임의 엄숙함을 말씀을 통해서 확인하게 됩니다.

3. 신하들의 반역과 저주

사무엘하 15장 31절을 보겠읍니다.
"혹이 다윗에게 고하되 압살롬과 함께 모반한 자들 가운데 아히도벨이 있나이다 하니 다윗이 가로되 여호와여 원컨대 아히도벨의 모략을 어리석게 하옵소서 하니라."
우리가 15장과 16장을 자세히 살펴보면 압살롬과 아히도벨의 반역과 배신의 사건을 읽을 수 있읍니다. 다윗왕의 신하들 중에서 다윗왕을 향한 반역과 배신이 계속되고 있었다는 증거입니다. 이것은 다윗이 신하들을 향해 그 신실한 마음을 저버리고 그들을 배신했던 왕의 죄가 역으로써 다시 신하들의 세계 속에서 일어나고 있는 것입니다. 하나님은 책임을 물으십니다. 그가 우리아를 배신했더니 신하들이 왕을 향해서 칼을 드는 이러한 일이 계속됩니다. 그 후의 사건은 어떻게 전개됩니까?

이제 사무엘하 16장 20절 이하의 말씀을 보겠읍니다.
"압살롬이 아히도벨에게 이르되 너는 어떻게 행할 모략을 우리에게 가르치라 아히도벨이 압살롬에게 이르되 왕의 아버지가 머물러두어 궁을 지키게 한 후궁들로 더불어 동침하소서 그리하면 왕께서 왕의 부친의 미워하는 바 됨을 온 이스라엘이 들으리니 왕과 함께 있는 모든 사람의 힘이 더욱 강하여지리이다 이에 사람들이 압살롬을 위하여 지붕에 장막을 치니 압살롬이 온 이스라엘 무리의 눈앞에서 그 부친의 후궁들로 더불어 동침하니라 그때에 아히도벨의 베푸는 모략은 하나님께 물어 받은 말씀과 일반이라 저의 모든 모략은 다윗에게나 압살롬에게나 이와 같더라"(20~23절).
그 부모의 범죄가 후손들을 통해서 어떻게 나타나고 있읍니까? 하나님이 다윗을 징계하겠다고 말씀하시면서 "너는 은밀히 범죄했으나 나는 백주에 네 죄를 폭로하겠다"고 하신 말씀 그대로 다윗은 이제 그 대가를 받고 있는 것입니다. 그것이 역사 속에 드러나는 장면입니다.

한걸음 더 나아가서 이제 16장 첫부분으로 되돌아 와서 5절 이하의 말씀을 보겠읍니다.
"다윗왕이 바후림에 이르매 거기서 사울의 집 족속 하나가 나오니 게라의 아들이요 이름은 시므이라 저가 나오면서 연하여 저주하고 또 다윗과 다윗왕의 모든 심복을 향하여 돌을 던지니 그때에 모든 백성과 용사들은 다 왕의 좌우에 있었더라 시므이가 저주하는 가운데 이와 같이 말하니라 피를 흘린 자여 비루한 자여 가거라 가거라"(5~7절).
이 장면은 신하가 왕을 저주하는 장면입니다. 신하들에게 모욕을 당하고 있는 왕의 비참한 모습을 보십시오. 일개 신하에게 왕의 체면이 땅에 떨어지고, 공개적으로 민중 앞에서 욕을 당하는 왕의 전락한 모습을 보십시오.
"피를 흘린 자여 비루한 자여 가거라 가거라 사울의 족속의 모든 피를 여호와께서 네게로 돌리셨도다 그 대신에 네가 왕이 되었으나 여호와께서 나를 네 아들 압살롬의 손에 붙이셨도다 보라 너는 피를 흘린 자인고로 화를 자취하였느니라"(7,8절).

그러나 9절 이하에 보면 이 사건을 해석하는 다윗의 태도가 아주 흥미롭습니다.
"스루야의 아들 아비새가 왕께 여쭈오되 이 죽은 개가 어찌 내 주

왕을 저주하리이까 청컨대 나로 건너가서 저의 머리를 베게 하소
서 왕이 가로되 스루야의 아들들아 내가 너희와 무슨 상관이 있느
냐 저가 저주하는 것은 여호와께서 저에게 다윗을 저주하라 하심
이니 네가 어찌 그리하였으냐 할 자가 누구겠느냐 하고"(9, 10절).
신하에게 모욕을 받으면서도 이 사건을 해석하는 다윗왕의 태도는
대단히 감동적입니다. 그는 어떻게 말합니까?
"여호와께서 저에게 다윗을 저주하라 하심이니 네가 어찌 그리하
였느냐 할 자가 누구겠느냐."
다윗은 이미 회개한 후였고 이제 그에게 일어나는 모든 사건이 하
나님의 징계라는 사실을 그는 알았읍니다. 그래서 그 사건을 해석
하는 다윗의 태도는 여전히 신앙적입니다.
"하나님이 저를 시켜서 나를 저주하는데 내가 이의를 달 수는 없
다. 저로 하여금 저주하게 하라."
그러므로 다윗은 그가 많은 범죄를 행하였음에도 불구하고 역시
하나님의 사람인 것입니다. 참으로 하나님의 마음에 합한 사람입
니다. 그는 잘못 없는 사람이 아니었고, 허물 없는 사람이 아니었
고, 문제가 없는 사람이 아니었읍니다. 그러나 그럼에도 불구하고
다윗은 하나님이 쓰실 만한 하나님의 사람입니다. 이 얼마나 아름
다운 왕의 태도입니까? 이 모든 것이 하나님의 손길을 거쳐서 자
신에게 온다는 사실을 알았기에 그는 자신의 운명을 하나님의 안
목을 통해서 통찰하고 있는 것입니다. 이 다윗의 안목을 보십시
오. 그러나 이 다윗의 꼴은 무엇입니까?

　우리가 다윗의 생애를 통해서 분명하게 보아야 할 사실이 하나
있읍니다. 우리가 범죄하고, 돌이키고, 회개하고, 자복할 때 하나
님은 우리의 죄를 용서하십니다. 그러나 많은 경우에 우리 그리스
도인들이 하나님 앞에 죄를 자백하면 하나님이 언제든지 용서하신
다는 이유 때문에 우리가 죄 문제를 너무 가볍게 생각합니다. 그래
서 범죄한 후에 또 자백하면 용서해 주실 것이라고 생각하는 분들

은 안 계신지요? 그렇다면 다윗의 생애를 잘 보시기 바랍니다. 하
나님은 다윗을 용서하셨지만 여전히 그를 징계하고 계시는 사실을
보십시오. 죄는 용서받지만 그 상처는 남습니다. 하나님께 이 징
계의 다루심을 받고 있는 다윗의 모습에서 우리는 죄 문제를 더욱
심각하게 접근해야 하겠다는 필요를 느끼지 않을 수 없습니다. 그
리스도인이 범죄해도 구원을 잃어버리지는 않습니다. 하나님이 다
윗을 버리셨다면 이렇게 하실 필요가 없는 것입니다. 그러나 버리
지 않으셨기 때문에 다윗을 징계하고 그를 바로잡기 위해서 그의
생애 속에서 간섭하십니다. 이 징계하시는 하나님의 손길을 경홀
히 여기지 말아 주십시오.

　그리스도인들이 범죄할 때 하나님이 그리스도인들을 어떻게 다
루시는지 바울 사도의 교훈을 통해서 기억하고 싶습니다.
　고린도전서 11장 29, 30절의 말씀을 보겠습니다.
"주의 몸을 분별치 못하고 먹고 마시는 자는 자기의 죄를 먹고 마
시는 것이라 이러므로 너희 중에 약한 자와 병든 자가 많고 잠자는
자도 적지 아니하니."
이 말씀의 배경은 성만찬을 다루는 성도들의 태도를 보여 주고 있
읍니다. 어떤 그리스도인들은 성만찬에 참여할 때 주의 몸을 분별
치 못하고 마구 먹고 마시므로 범죄하고 있다는 사실을 지적합니
다. 그러나 이것을 좀더 넓게 적용할 때 단순히 성만찬을 중심으로
한 범죄만은 아닙니다. 성만찬은 궁극적으로 주님을 기억하는 의
식입니다. 다시 말하면 이것은 우리가 주님과의 교제를 등한히 하
고 주님 앞에 범죄할 때 주님은 성도들을 어떻게 다루시는가를 교
훈하시기 위한 말씀입니다.
　다시 한번 30절을 보겠읍니다.
"이러므로 너희 중에 약한 자와 병든 자가 많고 잠자는 자도 적지
아니하니."

여기에는 세 가지 종류의 사람이 기록되었읍니다.
"약한 자, 병든 자, 잠자는 자."
하나님이 범죄한 성도들을 다루실 때 때때로 그들을 먼저 약하게
하십니다. 육체도 약해지고 정신도 허약해집니다. 그러므로 우리
는 연약함에 휩싸일 때 때때로 이것이 하나님의 징계가 아닌지 살
펴볼 필요가 있읍니다. 그리고 내 삶의 모습을 성찰할 필요가 있읍
니다. 이것은 한마디로 깨달으라는 교훈입니다. 그러나 약해진 그
상태 속에서도 깨닫지 못하면 하나님께서는 그 다음 단계로 병을
주십니다. 이것은 아주 누워서 생각 좀 하라는 뜻입니다. 모든 질
병이 하나님의 징계 때문에 오는 것이 아닙니다. 그러나 어떤 질병
은 분명히 하나님의 징계 때문에 찾아옵니다. 그러나 자기의 질병
을 통해서도 하나님의 징계하시는 손길을 깨닫지 못하고 여전히
범죄의 미궁에서 헤어나오지 못하면 하나님이 마지막으로 그들을
다루는 또 하나의 방법이 있읍니다. 그것은 "아주 자라"는 것입니
다.
"네가 이 병든 침상에서도 깨닫지 못하니 이제는 할 수 없다 자
라."
여기에서 잠잔다는 것은 육체적인 사망을 의미합니다. 더이상 하
나님께 영광을 돌리지 못하는 성도들, 하나님의 백성이면서 전혀
쓸모없는 하나님의 백성들, 그들에게 하나님이 선언하십니다.

  바울 사도는 이와 유사한 문제를 고린도전서 5장 1절에서도 다
루고 있읍니다.
"너희 중에 심지어 음행이 있다 함을 들으니 이런 음행은 이방인
중에라도 없는 것이라 누가 그 아비의 아내를 취하였다 하는도
다."
이 말씀에서 너희란 고린도 교회 성도들을 말합니다. 고린도 교회
성도들 가운데 이방인도, 불신자도, 그리스도 밖에 있는 사람도
범하지 않는 범죄를 저지르고 있는 사람들이 있었읍니다. 그래서

바울은 이런 음행은 이방인 가운데도 없다고 지적합니다. 그 범죄
의 구체적인 내용은 아비의 아내를 취한 사건입니다. 아비의 아내
이면 어머니인데 설마 진짜 어머니는 아니였을 것입니다. 아마도
계모였을 것입니다. 사실 그 당시에 희랍도시에는 계모로 말미암
아 가정 안에서 심각한 불륜의 부도덕이 퍼지고 있었읍니다. 아마
도 그러한 역사적인 배경을 중심으로 이 말씀이 기록된 것일 것입
니다. 가족 안에서의 이 불륜, 이 부도덕의 범죄가 신자들에 의해
서 자행되고 있었다는 이야기입니다.

  신자들이, 성도들이 이런 죄를 저지를 수가 있읍니까? 묻겠읍
니다. 거듭난 신자들이 이러한 범죄를 행할 수가 있는지요? 그러
나 성경은 있다고 말합니다. 그들이 그리스도인이었다는 증거를
고린도전서 1장 1절 이하의 말씀을 통해서 확인해 보겠읍니다.
"하나님의 뜻을 따라 그리스도 예수의 사도로 부르심을 입은 바울
과 및 형제 소스데네는 고린도에 있는 하나님의 교회 곧 그리스도
예수 안에서 거룩하여지고 성도라 부르심을 입은 자들과 또 각처
에서 우리 주 곧 저희와 우리의 주되신 예수 그리스도의 이름을 부
르는 모든 자들에게 하나님 우리 아버지와 주 예수 그리스도로 좇
아 은혜와 평강이 있기를 원하노라"(1∼3절).
그러므로 우리는 이 말씀에 근거해서 고린도전서 5장 1절의 "너희
중에"라는 말이 분명히 불신자가 아니라 성도를 가리키는 말임을
알 수 있읍니다.

  그러면 이 사람들을 어떻게 다루시는가를 고린도전서 5장 4절
이하에서 찾아 보겠읍니다.
"주 예수의 이름으로 너희가 내 영과 함께 모여서 우리 주 예수의
능력으로 이런 자를 사단에게 내어 주었으니 이는 육신은 멸하고
영은 주 예수의 날에 구원얻게 하려 함이라"(4,5절).
하나님은 이러한 성도에게 육신은 멸하시고 영혼은 구원얻게 하신

다고 말씀합니다. 바로 여기에 하나님의 사랑이 있습니다. 그리스도인으로서 더 이상 하나님께 영광돌리지 못하고 주님의 이름을 존귀케 하지 못하는 네가 이 땅에 존재해야 할 아무런 필요가 없다는 말씀입니다. 그렇다면 하나님이 그리스도인들을 향해서 징계하시는 가장 극한 상황은 무엇입니까? 그것은 이 세상에서 목숨을 가져가는 일입니다. 그러나 그러면서도 그가 진정으로 그리스도에게 붙어 있었고 그리스도를 받아들인 사람이라면 그 영혼까지는 벌하지 아니하시는 하나님의 자비를 보십시오.

하지만 제가 여기에서 강조하고자 하는 것은 이런 것입니다. 그리스도인들이 범죄할 때 우리가 고백하면 용서하신다는 사실 때문에 범죄를 가볍게 생각하지 말아야 하겠다는 사실입니다. 왜냐하면 주께서 우리를 징계하시기 때문입니다. 자식을 사랑하는 부모는 자식의 잘못을 그대로 방관할 수 없어서 사랑하는 자식을 향해서 사랑의 채찍과 매를 듭니다. 그처럼 우리 하나님은 당신의 자녀들을 그대로 방관하지 않으십니다.

어느 날 유명한 부흥 목사님이신 무디 목사님에게 어떤 교인 여자 한 사람이 찾아와서 이렇게 말했읍니다.

"목사님, 제가 아무리 범죄해도 하나님은 저를 그대로 놔두시데요. 그러므로 하나님은 계시지 않든가 아니면 하나님은 우리를 벌하지는 않는 분이신 것이 분명해요."

이 이야기를 듣고 있던 무디 목사님이 부인을 지긋이 바라보면서 이렇게 이야기합니다.

『부인! 부인은 지금 부인이 스스로 그리스도인이 아니라는 사실을 증명하고 있습니다.』

"왜요? 제가 교회를 얼마나 오래 출석했는데요"라고 부인이 반문하자 무디 목사님이 다시 이렇게 말합니다.

『당신이 그리스도인이라면 하나님은 당신을 그대로 놔두지 않았을 것이요.』

　그렇습니다. 징계는 자녀에게만 있는 것입니다. 자녀이기 때문에 하나님이 우리를 징계하시는 것입니다.

　히브리서 12장 6절 이하의 말씀을 보겠읍니다. 우리는 이 말씀에서 그리스도인들을 향한 하나님의 징계를 다시 한번 보게 됩니다.
"주께서 그 사랑하시는 자를 징계하시고 그의 받으시는 아들마다 채찍질하심이니라 하였으니 너희가 참음은 징계를 받기 위함이라 하나님이 아들과 같이 너희를 대우하시나니 어찌 아비가 징계하지 않는 아들이 있으리요 징계는 다 받는 것이거늘 너희에게 없으면 사생자요 참 아들이 아니니라 또 우리 육체의 아버지가 우리를 징계하여도 공경하였거든 하물며 모든 영의 아버지께 더욱 복종하여 살려 하지 않겠느냐"(6~9절).
그러므로 우리의 삶 속에 하나님의 징계가 올 때, 그것이 징계로 해석되고 징계로 확신될 때 하나님을 원망하지 마십시오. 그것은 하나님이 나를 사랑하시기 때문입니다.

　이어지는 10절 이하의 말씀을 보겠읍니다.
"저희는 잠시 자기의 뜻대로 우리를 징계하였거니와 오직 하나님은 우리의 유익을 위하여 그의 거룩하심에 참예케 하시느니라 무릇 징계가 당시에는 즐거워 보이지 않고 슬퍼 보이나 후에 그로 말미암아 연달한 자에게는 의의 평강한 열매를 맺나니 그러므로 피곤한 손과 연약한 무릎을 일으켜 세우고 너희 발을 위하여 곧은 길을 만들어 저는 다리로 하여금 어그러지지 않고 고침을 받게 하라"(10~13절).
이것이 그리스도인들을 향한 하나님의 사랑의 멧세지입니다. 이렇듯이 다윗의 징계도 동일한 차원에서 해석되어지고 이해되어져야 마땅합니다.

다시 본문으로 돌아와서 사무엘하 17장과 18장을 계속 읽어 보면 아히도벨과 압살롬의 죽음의 기록을 볼 수 있읍니다. 다윗왕을 향해서 반역을 일으켰던 그의 아들과 신하 아히도벨의 죽음으로 한 국가 안에 그리고 한 가정 안에 일어났던 이 비극은 드디어 종말을 고합니다.

4. 인구수 조사

이제 사무엘하 24장에는 다윗이 이 세상을 떠나기 전 비록 경미하지만 한번 더 작지 않은 실수가 기록되어 있읍니다. 이것은 다윗의 지상에서의 마지막 실수라고 말할 수 있읍니다.

10절을 보겠읍니다.

"다윗이 인구 수를 조사한 후에 그 마음에 자책하고 여호와께 아뢰되 내가 이 일을 행하므로 큰 죄를 범하였나이다 여호와여 이제 간구하옵나니 종의 죄를 사하여 주옵소서 내가 심히 미련하게 행하였나이다 하니라."

이것은 어떤 범죄입니까? 인구 조사를 한 때문입니다. 우리가 생각할 때에는 그것이 왜 범죄인가 하고 물음이 생길 수 있읍니다. 그러나 인구를 조사했다는 그 자체가 범죄가 아니라 조사를 하게 된 다윗의 마음 속 동기가 문제입니다. 그가 왜 인구를 조사했읍니까? 그 동기가 무엇입니까? 그것은 그의 마음 속에 이런 생각이 자리하고 있었기 때문입니다.

"보라 내가 거느리고 있는 내 백성들의 숫자는 얼마나 많은가 그리고 나는 얼마나 위대한 왕인가?"

그가 세워놓은 그 왕국을 바라보며 또 그를 따르는 수많은 백성들을 바라보면서 그의 시선이 하나님을 향하기보다 사람을 향하기 시작했을 때 다윗에게 위기가 찾아온 것입니다. 그는 지금까지 아무것도 없는 무의 상태에서 우리 하나님, 전능하신 하나님을 신뢰

하고 하나님 앞에 쓰임을 받는 한 시대의 걸출한 왕이었읍니다. 그
러나 이제 그는 인구를 조사함으로 하나님을 의지하기보다는 자기
자신을 의지하려고 했던 범죄를 저지른 것입니다. 가난한 때 주님
을 섬기던 성도들 가운데 때때로 부유해져서 주님을 저버리는 경
우가 있는 것을 봅니다. 계급없이 말석에서 삶을 살던 어느 성도가
주님을 잘 섬겨 왔읍니다. 그러다가 소위 출세를 했더니, 명예를
얻었더니, 그 이름이 날리더니 하나님을 떠나가는 것을 때때로 봅
니다. 다윗에게도 비슷한 위기가 있었읍니다. 그러므로 이것은 분
명한 범죄입니다.

그러나 이 범죄에는 다윗이 지금까지 범한 범죄와는 전혀 다른
측면이 한 가지 있읍니다. 우리아의 아내와 간음의 범죄를 저질렀
을 때는 다윗이 바로 용서를 구하지 않았읍니다. 그는 되도록이면
끝끝내 범죄의 사실을 숨기려고 했읍니다. 자신의 죄를 은폐하기
위해서 그는 얼마나 애를 썼읍니까? 나단 선지자를 통해서 자기
의 죄가 온 세상에 공개되기 전까지 그는 끝까지 어두움 속에 숨기
를 원했읍니다. 그러나 그 쓰라린 경험을 통해서 다윗은 하나님 앞
에 숨으려고 하는 것이 얼마나 어리석은 일인가를 피부로 깨달았
을 것입니다. 그래서 이번에도 범죄했지만 이번에는 전날의 범죄
의 사건과 달라진 것이 있읍니다. 그것은 범죄한 후의 그의 태도입
니다. 그가 인구를 조사했읍니다. 그러나 조사한 후에 바로 그 마
음에 가책을 받기 시작했읍니다. 그리고 하나님 앞에 이렇게 고백
합니다.
"하나님, 이 일을 행함으로 제가 큰 죄를 하나님께 범하였읍니다."

죄는 되도록 빨리 돌이킬수록 아름다운 것입니다. 내 죄를 은
폐하는 암흑의 시간이 길면 길수록 내 영혼은 그만큼 더욱 커다란
고통의 대가를 치러야 합니다. 왜 숨기려고 하십니까? 다윗은 뼈
아픈 경험을 통해서 이 진리를 배웠읍니다. 그래서 이번에는 그 마

음이 잘못된 것을 알자마자 그는 즉석에서 하나님 앞에 토하기 시
작합니다.

"하나님이여, 잘못했읍니다. 제가 큰 죄를 범했읍니다."

우리도 연약한 인간성을 가졌기 때문에 삶을 살아가면서 종종 다
윗과 같은 실수를 범할 때가 있읍니다. 그때 이 사건은 우리에게
그대로 하나님의 커다란 경종의 교훈으로 다가옵니다. 당신은
그러한 범죄를 어떻게 다루십니까? 내 마음의 자책을 통해서 성
령님이 내 마음 속에 말씀하실 때 즉각적으로 응답하십시오. 차 안
에 있을 때나, 일을 할 때나 상관없이 하나님이 내 죄를 깨우쳐 주
시는 그 순간, 내일까지 연기하지 마시고 그 자리에 즉각적으로 엎
드리시기 바랍니다. 그리고 다윗처럼 하나님 앞에 토하시기를 바
랍니다.

　하나님이 말씀하십니다.

"만일 우리가 우리 죄를 자백하면 저는 미쁘시고 의로우사 우리 죄
를 사하시며 모든 불의에서 우리를 깨끗케 하실 것이요"(요일 1 :
9).

5. 아도니야의 반발

그 다음은 실수라고 말할 수는 없지만 다윗의 마지막 갈등을 한 가
지만 더 찾아보겠읍니다. 열왕기상 1장에 보면 다윗의 생애 중 마
지막 갈등이 기록되어 있읍니다. 소위 아도니야의 사건입니다. 이
때에 다윗의 나이는 70세에 육박하고 있었읍니다. 솔로몬의 왕위
임명이 하나님에 의해 작정된 그 사실을 알고도 반발하는 아도니
야의 사건이 기록되고 있읍니다.

　먼저 당신의 이해를 돕기 위해서 열왕기상 2장 13절 이하의
말씀부터 보겠읍니다.

"학깃의 아들 아도니야가 솔로몬의 모친 밧세바에게 나아온지라
밧세바가 이르되 네가 화평한 목적으로 왔느뇨 대답하되 화평한

목적이니이다 또 가로되 내가 말씀할 일이 있나이다 밧세바가 가
로되 말하라 저가 가로되 당신도 아시는 바여니와 이 왕위는 내 것
이었고 온 이스라엘은 다 얼굴을 내게로 향하여 왕을 삼으려 하였
는데 그 왕위가 돌이켜 내 아우의 것이 되었음은 여호와께로 말미
암음이니이다"(13〜15절).

　　사실 순서적으로 말하면 왕위는 아도니야에게 돌아갔어야 합니
다. 그러나 하나님은 이미 솔로몬을 왕으로 세우시기로 작정하셨
읍니다. 그리고 그 사실을 아도니야도 알았읍니다. 그러나 어리석
게도 사람들은 하나님이 작정하신 계획을 알고도 이 하나님 앞에
도전하는 오류를 종종 범합니다. 이 아도니야의 범죄가 그런 유형
의 범죄입니다. 그는 자신에게 돌아올 왕위가 하나님에 의하여 아
우의 것이 되었음을 인정했읍니다. 그러나 그렇게 사실을 인정하
면서도 그는 이제 하나님께 도전을 시작합니다.
"하나님 때문에 나는 왕의 자리를 빼앗겼읍니다."
그는 이제 하나님을 향해서 불평을 시작합니다. 그래서 그는 반역
을 시도합니다.
　　열왕기상 1장으로 돌아와서 25절 말씀을 보겠읍니다.
"저가 오늘 내려가서 수소와 살진 송아지와 양을 많이 잡고 왕의
모든 아들과 군대 장관들과 제사장 아비아달을 청하였는데 저희가
아도니야 앞에서 먹고 마시며 아도니야왕 만세를 불렀나이다."
다윗은 자기의 왕위를 누구에게 물려 줄 것인가를 둘러싸고 그의
생애에서 마지막 갈등을 겪고 있읍니다. 마치 돈 많은 부자가 세상
을 떠나기 전 그의 재산이 누구 것이냐를 놓고 자손들이 갈등을 겪
는 것과 같습니다. 왕위가 누구에게 계승되느냐를 둘러싸고 다윗
왕가에서 일어나는 마지막 갈등을 볼 수 있읍니다.

　　그러나 하나님께 도전한다는 것이 얼마나 어리석은 일입니까?
그래서 시편 기자는 이렇게 말합니다.

"저가 말씀하시매 이루었으며 저가 명하시매 견고히 섰도다 여호
와께서 열방의 도모를 피하시며 민족들의 사상을 무효케 하시는도
다."

그러므로 우리가 하나님께 도전한다는 것이 얼마나 어리석은 일입
니까? 지혜로운 잠언 기자도 이 사실을 경험을 통해서 이렇게 간
증합니다.

"사람의 마음에는 많은 계획이 있어도 오직 여호와의 뜻이 완전히
서리라."

그래도 아도니야는 자기의 무력으로 잠시 하나님의 뜻을 거역하고
자기 아버지였던 다윗의 뜻을 거역하여 모반을 기도합니다. 그러
나 잠시 자기의 계획을 이루고 번영하는 듯했지만, 약간의 추종자
도 얻었지만 결국은 실패해 버리고 말았습니다. 아도니야는 왜 그
렇게 되었읍니까?

　이 상황에서도 그 아버지 다윗의 책임을 그대로 면할 수는 없읍
니다. 이 사건을 우리는 다윗에 대한 하나님의 징계라고 이해할 수
가 있읍니다.

　또 하나는 다윗의 자녀 교육의 실패입니다. 이 문제와 관련해서
대단히 의미 깊은 성경 구절을 하나만 보겠읍니다.

"저는 압살롬의 다음에 난 자요 체용이 심히 준수한 자라 그 부친
이 네가 어찌하여 그리 하였느냐 하는 말로 한 번도 저를 섭섭하게
한 일이 없었더라"(왕상 1 : 6).

다윗이 자기 아들 아도니야를 다룰 때 단 한 번도 네가 왜 그런 일
을 했느냐고 야단친 일이 없었다는 이야기입니다. 그리고 그것이
잘못이라는 것입니다. 그러므로 다윗의 자녀 교육에 있어서 지적
해야 할 중대한 물음이 여기에서부터 등장합니다. 다시 말하면 다
윗은 아들들을 교육할 때 방임주의적 교육정책을 쓴 것입니다. 이
것은 자식들을 어떻게 하든 그대로 내버려 두는 것을 말합니다. 오
늘날 소위 인본주의적인 교육이 우리 시대에 등장하기 시작하면서

부모들이 자녀들을 다루는 교육 방법이 그러합니다. 특별히 미국의 교육 방법도 그렇습니다. 사람들은 미국의 교육이 가장 우수한 선진 교육제도를 가지고 있다고 말합니다. 그러나 그 결과를 가져온 것이 무엇입니까? 부모들에 대한 반역과 가정 안에서 일어나고 있는 숱한 갈등과 그리고 수많은 가정들에서 속출되고 있는 젊은이들의 이혼률의 득세가 바로 방임주의적 교육의 산물입니다.

이런 시대의 한복판에 살면서 오늘의 그리스도인 부모들은 자녀들을 어떤 방법으로 교육해야 마땅합니까? 성경은 어떻게 가르칩니까? 잠언을 읽어 보십시오. 잠언에서는 자녀들을 향한 채찍의 중요성을 누누이 가르쳐 주고 있습니다. 우리 시대의 소위 진보주의적인 교육학자들이 부모가 자녀들을 때리는 것에 대해 어떻게 이해하든 성경은 부모가 자녀들을 향해서 드는 사랑의 채찍의 중요성을 가르치고 있습니다. 이것은 하나님의 교육 방법입니다. 사랑하는 하나님 아버지도 당신의 자녀들인 우리가 잘못할 때 징계를 하십니다. 그리고 하나님은 꼭 같은 교육의 방식을 부모들에게 요구합니다 (미국에서는 어린이 학대를 주의해야 하겠지요).

묻겠습니다. 우리의 자녀들이 잘못될 때 그들을 사랑하기 때문에 사랑의 채찍을 드는 부모들이 얼마나 계십니까? 이 훈계가 없는 교육, 이 책망이 없는 교육, 자녀들의 인간성을 하나님의 말씀 앞에 극복시키기 위한 이 거룩한 그리고 경건한 교육이 상실된 가정 속에 어떤 일이 일어납니까? 부모의 권위가 상실되고, 이것은 부모를 향한 반항을 낳고, 그래서 우리의 가정 속에 일어나는 이 숱한 어두움의 결과는 누가 책임져야 합니까? 결과적으로 부모입니다. 뿌린 씨를 자기가 거두는 것입니다.

성경은 말씀합니다.

"대저 명령은 등불이요 법은 빛이요 훈계의 책망은 생명의 길이라."

자녀들을 향한 훈계의 중요성을 성경은 가르칩니다.

성경에서 가장 흥미를 끄는 사건 중에 하나가 엘리 제사장의 자녀 교육입니다. 생각나십니까? 엘리 제사장에게는 두 아들 "홉니와 비느하스"가 있었읍니다. 제사장은 지금으로 말하면 종교 지도자이므로 목사에게 적용시켜 볼 수도 있겠읍니다.

하나님이 어느 날 엘리 제사장을 불러서 말씀합니다.

"네가 알고 있는 죄악 때문에 내가 네 집에 징계를 내리겠다. 네 아들들이 저주를 자청하되 네가 금하지 아니하였느니라."

하나님이 엘리 제사장에게 이렇게 말씀하지 않으셨읍니다.

"네가 나를 섬기면서 얼마나 바빴는가. 내가 그것을 잘 이해한다. 그래서 네가 자녀 교육을 잘못시켰지만 내가 그것을 봐주겠다."

하나님을 섬기는 제사장임에도 불구하고 그의 잘못된 자녀 교육에 대해, 그 죄에 대해 하나님이 책임을 물으셨읍니다.

오늘 하나님께서 우리 부모들에게 꼭 같은 질문을 하신다면 당신은 어떻게 대답하시겠읍니까? 당신은 자녀를 참으로 교육하고 계십니까? 바울은 에베소서 6장에서 "주의 교양과 훈계로 양육하라"고 가르쳤읍니다. 오늘날 이 훈계가 상실된 방임주의적인 교육의 풍토 속에서 우리 자녀들은 스스로 어둠의 함정을 파고 있읍니다. 물론 불필요한, 부적당한 그리고 잘못된 동기에 근거한 잘못된 훈계는 오히려 역효과를 가져올 수 있읍니다. 그러나 성경은 자식을 사랑하기 때문에 하나님의 거룩한 마음을 품고 주의 말씀으로 자녀를 교육하는 경건한 부모들을 요구하고 있읍니다.

6. 성전 건축을 준비함

다윗은 그가 뿌린 씨에 대한 대가를 지금 스스로 거두고 있는 것입니다. 그래서 다윗의 노후는 그렇게 평안하지가 않았읍니다. 다윗은 많은 상처를 받았고, 많은 가슴아픈 가슴앓이를 해야만 했읍니다. 그의 인생의 석양은 외롭고 쓸쓸했고 고통스럽고 어두웠읍니다. 하지만 다윗의 생애는 그렇게 끝나지만은 않았읍니다. 하나님은 다윗의 마지막 임종 직전에 그를 다시 영광스럽게 만들어 주십니다. 그래서 다윗은 다시 일어서기 시작합니다. 그리고 영원을 향해서 떠나갈 영원한 순례의 여정을 준비하기 시작합니다. 이제 다윗의 인생의 최후의 순간이 가까와지기 시작합니다.

역대상 22장 1절 이하의 말씀을 보겠읍니다.

"다윗이 가로되 이는 여호와 하나님의 전이요 이는 이스라엘의 번제단이라 하였더라 다윗이 명하여 이스라엘 땅에 우거하는 이방 사람을 모으고 석수를 시켜 하나님의 전을 건축할 돌을 다듬게 하고 다윗이 또 문짝 못과 거멀못에 쓸 철을 한없이 준비하고 또 심히 많아서 중수를 셀 수 없는 놋을 준비하고 또 백향목을 무수히 준비하였으니 이는 시돈 사람과 두로 사람이 백향목을 다윗에게로 많이 수운하여 왔음이라 다윗이 가로되 내 아들 솔로몬이 어리고 연약하고 여호와를 위하여 건축한 전은 극히 장려하여 만국에 명성과 영광이 있게 하여야 할지라 그러므로 내가 이제 위하여 준비하리라 하고 죽기 전에 많이 준비하였더라"(1~5절).

다윗은 자신의 손으로 하나님의 성전을 지을 수 없다는 사실을 잘 알았읍니다. 그렇다면 우리 같으면 아마도 이런 반응을 보였을지도 모릅니다.

"내 손으로 짓지 못할 것이니 어짜피 내 아들이 지을 것이다. 그냥 가자. 떠나자, 내가 괜스레 수고할 게 뭐냐."

그러나 다윗은 그러지 않았읍니다. 하나님이 그 일을 자기 아들을 통해서, 솔로몬을 통해서 이루실 것을 알았읍니다. 그러나 자신이 하기를 원했던 그 일을 사랑하는 아들이 할 수 있도록 최선을 다해서 마지막 영광스러운 성전 건축을 준비하고 있는 다윗의 모습을 보십시오. 이러면서 다윗의 인생의 석양은 다시 빛을 발하기 시작합니다. 내가 건축을 못하게 되었다고 불평한 것이 아닙니다. 하나님이 그 일을 내 손에 맡기지 않았다고 하나님을 향해서 원망한 것도 아닙니다. 그는 "하나님, 제가 할 수 있는 일이 무엇입니까?" 묻는 자세로 하나님이 허락하는 범주까지, 할 수 있는 데까지 최선을 다하면서 준비하고 있읍니다.

특별히 더 감동적인 장면이 역대상 22장 14절에 기록되어 있읍니다. 그가 이 성전 건축에 필요한 모든 준비를 어떤 지경 속에서 했읍니까?
"내가 환난 중에 여호와의 전을 위하여 금 십만 달란트와 은 일백만 달란트와 놋과 철을 그 중수를 셀 수 없을 만큼 심히 많이 예비하였고 또 재목과 돌을 예비하였으나 너는 더할 것이며."
다윗은 이 모든 것을 "환난 중에" 준비했다고 말씀은 기록합니다. 자기 자신이 어려움을 당하는 그 가운데서도, 고통스러운 삶의 역경 속에서도 그는 영광스러운 하나님의 전을 위하여 최선의 준비를 다하고 있읍니다.

7. 다윗의 유언과 죽음

이제 그의 마지막 유언의 시간이 가까와집니다.
역대상 28장 1절을 봅시다.
"다윗이 이스라엘 모든 방백 곧 각 지파의 어른과 체번하여 왕을 섬기는 반장들과 천부장들과 백부장들과 및 왕과 왕자의 산업과 생축의 감독과 환관과 장사와 용사를 예루살렘으로 소집하고."
모든 만조백관들을 다 소집하고, 모든 지도자들을 다 그 앞에 모으고 최후의 임종의 멧세지를 전하는 다윗의 모습을 보십시오. 특별히 감동적인 것은 9절 이하에서 자기 아들 솔로몬을 향한 마지막 유언입니다.
"내 아들 솔로몬아 네 아비의 하나님을 알고 온전한 마음과 기쁜 뜻으로 섬길지어다 여호와께서는 뭇 마음을 감찰하사 모든 사상을 아시나니 네가 저를 찾으면 만날 것이요 버리면 저가 너를 영원히

버리시리라 그런즉 너는 삼갈지어다 여호와께서 너를 택하여 성소
의 전을 건축하게 하셨으니 힘써 행할지니라"(9,10절).

　이 아들을 향한 마지막 유언 중 "하나님을 알고"라는 말을 주의
깊게 보십시오. 다윗의 전 생애를 통해서 자식들에게 남길 수 있는
최대의 유산은 하나님을 "아는 지식"이었읍니다. 여호와를 경외하
는 것이 모든 지식의 근본이라고 성경은 교훈합니다. 내 사랑하는
아들아 네 아비의 하나님을 너도 알기를 원한다. 여기에서 "알라"
라는 말은 그냥 머리로 알라는 뜻이 아닙니다. 히브리어로는 『야
다』라는 단어인데 이 말은 경험적 지식을 뜻합니다.
"네 아비의 하나님을 깊이 알아라. 나도 경험을 통해서 그 하나님
을 알았다. 하나님은 참 영광스러우신 하나님이다. 나는 평생의
체험을 통해 사랑하는 너에게 증언할 수가 있다. 하나님을 아는 것
이 가장 귀한 것이니 네 아비의 하나님을 알아라."

　한걸음 더 나아가서 하나님을 아는 것뿐 아니라 다윗은 이제 "하
나님을 섬기라"고 유언합니다. 어떤 자세로 섬겨야 합니까?
　첫째는, 온전한 마음입니다. 나누어지지 않은 마음으로, 한 마
음으로 하나님을 섬기라는 것입니다.
　둘째는, 기쁜 뜻으로 섬기라는 것입니다.
"네 아비의 하나님을 알고 온전한 마음과 나누어짐이 없는 그 마음
과 기뻐하는 그 뜻으로 여호와 하나님을 섬기라."
이것이 자신의 사랑하는 아들을 향한 아버지 다윗의 마지막 유언
이었읍니다.
　그 다음에 이어지는 11절을 보겠읍니다.
"다윗이 전의 낭실과 그 집들과 그 곳간과 다락과 골방과 속죄소의
식양을 그 아들 솔로몬에게 주고."
다윗은 비단 그 모든 건축의 재료들을 준비했을 뿐만 아니라 설계
도까지도 주었읍니다. 성전 건축의 설계도까지 다윗은 준비해 놓

았던 것입니다. 그가 할 수 있는 최선을 다했읍니다. 마지막까지
최선을 다했읍니다. 하나님이 허락하지 않으셨으므로 그가 짓지는
않았읍니다. 그러나 사랑하는 아들이 영광스러운 전을 건축할 수
있도록 그는 모든 것을 다 준비했읍니다.

12절을 보겠읍니다.
"또 성신의 가르치신 모든 식양 곧 여호와의 전을 뜰과 사면의 모
든 방과 하나님의 전 곳간과 성물 곳간의 식양을 주고."
그런데 이 설계도는 다윗이 자신의 인위적인 지혜를 가지고 만든
것이 아니었읍니다. "성령님의 가르치신 대로"라고 말씀은 기록해
줍니다. 그는 성령님과의 교제를 통해서 하나님의 마음을 알았고
하나님의 계획을 알았읍니다. 그리고 하나님이 허락하신 이 설계
도를, 성전 건축에 필요한 모든 가르침을 사랑하는 아들 솔로몬에
게 남깁니다.

이제 20절을 보겠읍니다.
"너는 강하고 담대하게 이 일을 행하고 두려워 말며 놀라지 말라
네가 여호와의 전 역사의 모든 일을 마칠 동안에 여호와 하나님 나
의 하나님이 너와 함께 하사 네게서 떠나지 아니하시고 너를 버리
지 아니하시리라."
이것은 마치 주님께서 마지막 지상 명령을 주시는 장면을 방불케
합니다.
"가서 모든 족속으로 제자를 삼으라 그리고 내가 너희에게 분부한
모든 것을 가르쳐 지키게 하라 볼지어다 세상 끝날까지 너희와 항
상 함께 있으리라."
그 약속과 이것은 얼마나 방불합니까?

그 다음에 이제 역대상 29장 28절을 보겠읍니다.
"저가 나이 많아 늙도록 부하고 존귀하다가 죽으매 그 아들 솔로몬
이 대신하여 왕이 되니라."

이래서 다윗은 죽었읍니다. 그러면 후세의 역사가는 다윗의 평생을 정리하면서 어떻게 말했는지 한 가지만 더 말씀드리겠읍니다. 사도행전을 통해서 신약의 기자가 다윗의 생애를 돌아보면서 어떻게 말합니까?

"다윗이 하나님 앞에서 은혜를 받아 야곱의 집을 위하여 하나님의 처소를 준비케 하여 달라 하더니."

이 말씀에서 다윗은 어떤 사람이라고 말합니까? 하나님 앞에 "은혜를 받은 사람"이라고 말합니다. 후세의 역사가가 다윗의 생애를 살펴볼 때 가장 두드러지게 나타난 사실은 다윗은 하나님께 은혜를 받은 사람이었다는 것입니다. 다시 말하면 하나님의 사랑을 받는 사람이었다는 것입니다.

사랑하는 성도들이여, 당신은 하나님의 사랑을 받고 이 세상을 살고 있다고 느끼십니까? 사랑을 받았던 하나님의 사람 다윗, 주님께 은혜를 받아 주님의 사랑과 호의 속에서 평생을 살아갔던 이 하나님의 사람, 다윗의 생애를 정리하며 그의 생애를 한마디로 요약할 수 있다면 그는 하나님께 사랑받는 사람이었읍니다.

그 다음에 사도행전 13장 22절을 보겠읍니다.

"폐하시고 다윗을 왕으로 세우시고 증거하여 가라사대 내가 이새의 아들 다윗을 만나니 내 마음에 합한 사람이라 내 뜻을 다 이루게 하리라 하시더니."

"이는 내 마음에 합한 사람이다"라고 말씀하시면서 다윗을 불렀을 때 하나님이 하셨던 말씀이 무엇입니까? "내 뜻을 다 이루게 하리라 저 사람을 통해서 내가 내 뜻을 이루기를 원한다"는 말씀입니다. 우리는 뜻이 있어서 태어난 사람들입니다. 당신은 내 마지막 임종의 순간에, 내 가슴의 마지막 고동이 멎는 순간에, 내 온몸의 더운 피가 마지막으로 말라붙는 그 순간에 이렇게 말할 수가 있겠는지요?

"주님! 주님이 하라고 주신 일을 다 끝마치고 이제 갑니다."

이것은 얼마나 복된 인생입니까? 그런데 다윗은 어떻게 이런 하나님의 뜻을 이루었읍니까?

사도행전 13장 36절의 말씀을 보겠읍니다.
"다윗은 당시에 하나님의 뜻을 좇아 섬기다가 잠들어 그 조상들과 함께 묻혀 썩음을 당하였으되."
다윗은 당시에 하나님의 뜻을 좇아 섬기다가 죽었읍니다. 다윗이 항상 하나님의 뜻을 따르기만 했었던 것은 아님을 우리가 잘 압니다. 다윗도 실패가 있었읍니다. 다윗도 범죄가 있었읍니다. 다윗도 흔들거리는 순간이 있었읍니다. 다윗도 약해지는 순간이 있었읍니다. 그러나 결과적으로 다윗의 인생을 전체적으로 볼 때 성경은 증언합니다. "그는 하나님의 뜻을 좇아 섬기다가 잠들었다"고 말입니다. 아마도 다윗의 무덤의 묘비에는 다음과 같은 글귀가 새겨져 있었을 것입니다.
"하나님의 뜻을 좇아 섬기다가 간 하나님의 마음에 합한 사람 다윗!"

우리의 후손들이 그들의 사랑하는 아버지, 어머니, 할아버지, 할머니인 우리의 생애를 무엇이라고 기록할까요? "하나님의 뜻을 좇아, 하나님을 섬기다가 잠든 하나님의 마음에 합했던 내 아버지, 내 어머니, 내 할아버지, 내 할머니"라고 할 수 있을까요?
우리는 우리의 일생을 어떻게 살아가고 있읍니까? 하나님은 우리에게 결코 완전만을 요구하시지 않습니다. 다윗도 실패가 있었읍니다. 다윗도 넘어짐의 순간이 있었읍니다. 다윗도 약해졌읍니다. 다윗도 흔들렸읍니다. 그러나 그는 다시 일어섰읍니다. 그렇다면 당신도 다시 일어설 수가 있읍니다. 영광스럽게 일어설 수가 있읍니다. 내 인생의 석양을 더 찬란한 빛으로 물들이기 위하여, 내 사랑하는 후손들에게 하나님을 알게 하기 위해서, 신앙으로 살다간 이 축복된 삶을 내 후손들에게 남기기 위해서, 내 마지막 숨을 삼키면서 자손들에게 다윗처럼 이렇게 말하기 '위해서 말입니다.

"내 아들아, 네 아비의 하나님을 네 어미의 하나님을 알라. 그리고 온전한 마음과 기쁜 뜻으로 그를 섬기라. 하나님을 섬긴 것이 내 인생에 남을 수 있었던 가장 유일한 보람이기 때문이다."

하나님의 마음에 합한 사람 - 다윗

23쇄 발행 2008년 8월 15일

지은이 이동원
발행인 김용호
발행처 나침반출판사
등 록 1980년 3월 18일 / 제 2-32호
주 소 110-616 서울 광화문 사서함 1641호
전 화 본사 (02)2279-6321~3 영업부 (031)932-3205
팩 스 본사 (02)2275-6003 영업부 (031)932-3207

www.nabook.net
nabook@korea.com
nabook@nabook.net

ISBN 978-89-318-1033-2   03230
책번호 마-1131

나침반출판사는 우리를 구원하신 아름다운 주님을
21세기 문명의 이기(利器)를 통하여 널리 전하고 싶습니다.